Simone Rodrigues Ferreira
João Armando Bezerra Campos

Coisa Julgada
à Luz da Ordem Constitucional

Porto Alegre, 2013

©
Simone Rodrigues Ferreira
João Armando Bezerra Campos
2013

Projeto gráfico e diagramação
Livraria do Advogado Editora

Revisão
Rosane Marques Borba

Direitos desta edição reservados por
Livraria do Advogado Editora Ltda.
Rua Riachuelo, 1300
90010-273 Porto Alegre RS
Fone/fax: 0800-51-7522
editora@livrariadoadvogado.com.br
www.doadvogado.com.br

Impresso no Brasil / Printed in Brazil

Sinceros são os meus agradecimentos à Desembargadora Elaine H. Macedo, pela sabedoria e dedicação com o qual supervisionou o meu trabalho, tornando possível a conclusão deste livro. Você será a minha eterna mestra!

Ao meu querido filho Caio que com muito carinho e compreensão, não mediu esforço para que eu chegasse até esta etapa da minha vida.

Por fim, agradeço ao colega Dr. João Armando Campos, Desembargador aposentado e agora advogado, por acreditar no meu trabalho, aceitando o meu convite para contribuir com seus conhecimentos jurídicos.

Obrigada por termos pensado juntos para concretização deste grande trabalho.

Simone Rodrigues Ferreira

Prefácio

Uma obra escrita e apresentada ao público leitor é sempre uma parte de seu autor compartilhada com o outro. Diz de si e de seus sonhos, de sua compreensão do mundo, de seu trabalho, de sua criação. Ao nos apropriarmos do livro e à sua leitura nos dedicarmos, estaremos recebendo em nossas casas, em nossa intimidade, em nosso cotidiano o seu autor. Demos, pois, as boas vindas a Simone Ferreira e a seu livro *Coisa julgada à Luz da Ordem Constitucional*, cuja leitura passará a ser também nosso patrimônio, de elevado teor jurídico.

O instituto da coisa julgada sempre angustiou o operador e o estudioso do Direito. Tema que atravessou os séculos, ganhou hierarquia constitucional a partir dos anos mil e novecentos, revitalizando-se, no direito brasileiro, a sua discussão frente a valores como segurança jurídica e a justiça do caso concreto, ambos tutelados na Constituição de 1988, e que necessariamente nem sempre andam juntos.

Enquanto *topus* da estabilidade das decisões judiciais, ainda que se tenha a coisa julgada como irrenunciável, o pensar jurídico já vinha resistindo pelo menos quanto à extensão de sua abrangência, pontuando entre as opções de recepção da coisa julgada pelas teorias da substancialização e da individualização da causa de pedir, que, via reflexa, hão de se aplicar também à pretendida indiscutibilidade do que foi declarado ou decidido no âmbito do julgamento.

Paralelamente, novas tecnologias aplicadas ao sistema probatório, alcançando-se um juízo de certeza que os meios de prova tradicionais não logram oferecer, como é o caso dos exames de DNA no âmbito de investigação de paternidade, constituíram fundamento para reverter-se o espectro de sentença sacramentada pelo trânsito em julgado, rendendo-se o (novo) pronunciamento judicial à verdade indiscutível dos fatos demonstrada por prova de irrefutável valor, e aí sim, estabelecendo uma indiscutibilidade real. Como consequência, o ordenamento jurídico passou a conviver com tema (re)conhecido como relativização da coisa julgada. Dizendo de outra forma, o acertamento produzido (e desejado pela comunidade jurídica em nome da paz social) pela decisão judicial que não mais se submete às formas normais de sua revisão (recurso e ação rescisória), assim previstas no ordenamento jurídico, ainda há de ceder quando se deparar com o que nem a lei nem a sentença podem prometer: adequação real dos fatos à normatização prevista e incidente.

Outras previsões legais e discussões jurídicas poderiam aqui ser trazidas a lume, como o instituto da coisa julgada e as sentenças de improcedência no processo coletivo, mas estar-se-ia distanciando do foco maior, que é o processo que versa sobre conflitos individuais.

Também o legislador brasileiro, no afã de adequar o ordenamento jurídico pretérito aos novos tempos consagrados pela Constituição de 1988, não ficou insensível ao equilíbrio entre valores tão significativos como segurança jurídica e justiça do caso concreto, e, através da Lei nº 11.232/05, estatuto responsável por introduzir no direito pátrio o sistema de processo sincrético nas ações de eficácia condenatória, trilhou caminho inovador, estabelecendo um novo questionamento ao prever expressamente que sentenças condenatórias – e, portanto, formadoras de título executivo judicial – com trânsito em julgado poderiam ceder frente ao (posterior) reconhecimento, pelo Supremo Tribunal Federal, qualificando-se, aqui, por força vinculativa, da inconstitucionalidade da lei ou ato normativo que tenha fundado aquele título judicial.

A redação do art. 475-L, § 1º, (cumprimento de sentença) e a introdução do parágrafo único do art. 741 (embargos à execução contra Fazenda Pública), ambos do CPC, produzidas pelo mencionado estatuto, vieram revolucionar o instituto da coisa julgada no processo civil brasileiro. E é sobre esse tema que Simone Ferreira se debruça, enfrentando-o com coragem e ousadia, mostrando o seu amor – e nada de bom se faz sem amor – pelo Direito, acusando intimidade com a doutrina, a legislação e os julgados de nossos tribunais e trazendo importante contribuição para o meio jurídico.

Com satisfação e orgulho de quem foi mestre e que vê aquela que no passado foi sua orientanda lançar voos mais altos, prêmio maior que o magistério oferece, apresento aos leitores Simone Ferreira e sua obra *Coisa Julgada à Luz da Ordem Constitucional*.

Carpe diem!

Elaine Harzheim Macedo

Sumário

1. Introdução..11
2. Instituto da coisa julgada..13
   2.1. Escorço histórico da coisa julgada...13
   2.2. A concepção de coisa julgada no ordenamento pátrio........................19
      2.2.1. Conceito de coisa julgada..19
      2.2.2. Natureza da coisa julgada...23
      2.2.3. Funções "positiva" e "negativa" da coisa julgada........................27
      2.2.4. Limites da coisa julgada..29
         2.2.4.1. Limites subjetivos..29
         2.2.4.2. Limites objetivos..32
   2.3. Coisa julgada à luz da ordem constitucional.......................................35
      2.3.1. *Status* constitucional da coisa julgada..35
      2.3.2. Coisa julgada e interesse público...39
      2.3.3. Segurança jurídica e jurisdição constitucional.............................41
3. Relativização da autoridade da coisa julgada..49
   3.1. Sentenças inexistentes, nulas e injustas..49
      3.1.1. Sentenças inexistentes..49
      3.1.2. Sentenças nulas...56
      3.1.3. Sentenças injustas...61
   3.2. Mandado de segurança e coisa julgada..68
   3.3. Ações coletivas e coisa julgada...75
   3.4. Ação rescisória...78
      3.4.1. Noção, natureza e objeto..78
      3.4.2. Ação rescisória e Constituição..84
   3.5. Posição doutrinária sobre a relativização...85
4. Oposição à execução fundada em título inconstitucional........................93
   4.1. Controle de constitucionalidade das leis: limites e efeitos.................95
      4.1.1. Conceitos fundamentais..98
      4.1.2. Meios de controle de constitucionalidade e inexigibilidade do título inconstitucional..101
   4.2. Evolução legislativa...105
      4.2.1. Medida Provisória 2.180 e suas reedições...................................105
      4.2.2. Lei 11.232/2005..107

4.3. Eficácia rescisória: sentido e alcance da inexigibilidade do título inconstitucional..119

    4.3.1. Declaração de Inconstitucionalidade por via direta e as sentenças que aplicaram a norma inconstitucional...................................123

    4.3.2. Aplicação ou interpretação tidas por incompatíveis com a Constituição Federal...126

    4.3.3. Direito intertemporal..128

5. Considerações finais..135

Referências bibliográficas..137

1. Introdução

O presente estudo versa sobre a oposição à execução de título inconstitucional, assim considerado aquele fundado em lei ou ato normativo declarado inconstitucional pelo Supremo Tribunal Federal, ou fundado em aplicação ou interpretação da lei ou ato normativo tido pelo Supremo Tribunal Federal como incompatível com a Constituição Federal.

A possibilidade é derivada da inserção, no regramento processual pátrio, de regra própria para viabilidade de arguição, pelo devedor, como matéria de defesa à execução, da inconstitucionalidade da lei ou do ato no qual se fundara o título exequendo.

O exame da hipótese não dispensa, primeiramente, o exame do instituto da coisa julgada, compreendendo uma breve evolução histórica, bem como a apreensão do conceito, da natureza, das funções e dos limites objetivos e subjetivos operados pela *res judicata*.

Como cediço, é verdade que a coisa julgada ocupa indefectível *status constitucional*, como corolário do interesse público que informa a segurança jurídica (subjacente à paz social). Contudo, por óbvio, a ordem constitucional contempla outros princípios do mesmo modo relevantes, que igualmente reclamam proteção no arcabouço do sistema jurídico.

Diante desse quadro, parece razoável perscrutar se a proteção da *res judicata* pode ceder diante de decisões desprovidas de requisitos de cunho processual, ou proferidas em violação de normas materiais, isto é – em resumo –, face a decisões inexistentes, nulas ou injustas. Nesse contexto, cumpre especial relevo à sentença prolatada no mandado de segurança, em face da disciplina especial conferida pelo ordenamento para o *writ of mandamus*, e a proferida em sede de ação coletiva, tendo em consideração o grande número de destinatários do comando jurisdicional. Por óbvio, também revela-se necessário o exame da ação rescisória, – sua noção, natureza e objeto – porquanto consubstancia, por excelência, modalidade de relativização da coisa julgada.

Em outras palavras, tais circunstâncias sugerem – imperiosamente – uma releitura do princípio da segurança jurídica, forte naquelas premissas. Efetivamente, a relativização da coisa julgada movimenta as forças nacionais da ciência processual civil, provocando profundo debate entre os doutrinadores e intensa manifestação da jurisprudência.

A compreensão da inexigibilidade do título inconstitucional especificamente considerada abrange o estudo acerca dos conceitos fundamentais em matéria de controle de constitucionalidade, de modo a explanar seus limites e efeitos, bem como a adequação dos meios de controle à inexigibilidade do título inconstitucional.

O exame do tema também não prescinde de uma análise da gênese e da evolução legislativa dos dispositivos que implementaram a disciplina no ordenamento jurídico pátrio, inserida na perspectiva das recentes transformações do processo civil brasileiro – embasadas em reestruturação de matriz constitucional –, pautadas por uma dinâmica de modernização das relações processuais, sob um ponto de vista calcado na celeridade e na efetividade processual.

Em tal conjuntura, faz-se mister o exame do sentido e do alcance da inexigibilidade do título inconstitucional, de modo a delimitar a eficácia rescisória decorrente da aplicação do dispositivo legal: a relevância da declaração de inconstitucionalidade por via direta, bem como da aplicação ou interpretação de norma tida como incompatíveis com a Constituição Federal, em relação às sentenças que aplicaram norma inconstitucional.

Estabelecida que seja a forma de atuação da norma, a exegese literal do preceito legal não antecipa solução dos problemas inevitavelmente decorrentes da sua aplicação no tempo. Dentre as soluções conferidas pelo tribunais nacionais, por certo, importa sobremaneira a posição do Excelso Pretório, cujo entendimento interfere não só na própria concepção da inconstitucionalidade, como também na correlata efetividade da oposição respectiva, para fins de solução dos casos concretos.

Por fim, a conjugação de todas as premissas possibilita conferir pertinência subjetiva para um arranjo procedimental, enfocado na dinâmica de compreensão do mecanismo de oposição à exigibilidade do título inconstitucional.

Para tal efeito, utilizar-se-á metodologia descritivo-reflexiva, em especial com base em livros e artigos da doutrina nacional e estrangeira, consulta à legislação pertinente e a repertórios jurisprudenciais.

2. Instituto da coisa julgada

A partir dos textos de Modestino e Ulpiano, séculos se passaram, e os problemas do instituto da coisa julgada continuam a desafiar a argúcia dos estudiosos, mostrando que subsiste a mesma preocupação de esclarecer posições e conceitos que informaram a edificação da doutrina romana sobre a coisa julgada.

Em nosso século, a elaboração doutrinária prossegue, sob o signo das concepções novas que a moderna ciência do processo passou a enunciar.

Para compreender melhor o instituto da coisa julgada, trataremos, inicialmente, de situá-la na história e assim fixar, através dos dados que ela fornece, o seu conceito, o conteúdo que lhe é específico, preordenando, assim, os efeitos que lhe são próprios.

2.1. ESCORÇO HISTÓRICO DA COISA JULGADA

O surgimento da coisa julgada remonta aos primórdios da ciência jurídica. A origem do instituto é tão remota que a História do Direito não é capaz de situá-la com precisão.

Acredita-se que a regra do *bis de eadem re ne sit actio* (i.e., "um direito não mais podia ser submetido a novo juízo desde que já deduzido em processo anterior") tenha surgido em uma lei anterior às Doze Tábuas, depois mantida por conta da consuetudinariedade.[1]

A explicação para o fenômeno guarda relação com o rudimentar sistema de defesa de direitos, lastreado na força bruta e na vingança privada, que vigorava naquele tempo pretérito. Tal sistema visava a manter um liame de proporcionalidade com o dano, impedindo que a vingança excedesse os limites daquele. Desse modo, exercido

---

[1] NEVES, Celso. *Coisa Julgada Civil*. São Paulo: RT, 1971, p. 10-11.

o "direito de vingança", o ofendido não poderia intentar a retomada integral do direito lesado. Consolidava-se a substituição do direito ofendido por tal vingança, submetida a certas regras.²

O *non bis in idem* consolidava regra inafastável, de tal modo que a demanda havia de resolver-se exatamente como pleiteada na *litis contestatio*. Pouco importava se a causa chegasse à sentença, e o conteúdo desta, ou que se extinguisse pelo vencimento dos prazos da então chamada "prescrição processual": a ação jamais poderia ser repetida, qualquer que fosse a sua sorte.³

Quando a regra se deslocou da *litis contestatio* para a *sententia*, esta já perdera o caráter de opinião arbitral privada, fundando-se no *iussus iudicandi*, que transmitia caráter estatal ao ato, como fase de uma evolução que iria completar-se na extraordinária *cognitio*, em que a *sententia iudiciis* se revela como expressão da atividade jurisdicional do Estado Romano, propiciando a distinção entre sentença e coisa julgada, através das vias de reexame proporcionadas pela tutela jurisdicional estatizada.

A *res judicata* liga-se, assim, na concepção romana, à autoridade estatal, de início vinculada à *litis contestatio*, como ato pelo qual se soluciona a controvérsia subjetiva e objetivamente fixada na fórmula e, por último, como via de entrega da prestação jurisdicional, quando subordinada ao monopólio do Estado, em uma vereda que conduz das *legis actiones* à *cognitio*, e, por fim, resulta na codificação de Justiniano.⁴

A primeira referência legislativa pós-romana ao instituto da coisa julgada, com repercussão sobre o direito português, remonta ao Código Visigótico. Traduzido do latim no século XIII, com o nome de *Fuero Juzgo*, previa a imutabilidade dos julgamentos, ao estabelecer hipóteses excepcionais para o reexame das decisões:

> Los pleytos que era ya acabados, ante que estas leyes fuesen emanadas, segund lãs leyes que eran fechas ante del primero anno, que nos regnassemos, nos mandamos que em ninguna manera sean de cabo demandados.⁵

A base da história do direito português é um monumento heterogêneo: o Código Visigótico. Somente em momento posterior veio a introdução doutrinária do direito Justiniano. Nele e no direito consuetudinário é que se fundam os alicerces do direito português. O

---

² MURGA, José. *Derecho*, p. 293-294. *Apud* NEVES, Celso. *Op. cit.*, p. 11.
³ YMAZ, Esteban. *La Esencia de la Cosa Juzgada y Otros Ensayos*. Buenos Aires: Arayú, 1954, p. 5.
⁴ NEVES, Celso. *Op. cit.*, p. 45.
⁵ TALAMINI, Eduardo. *Coisa julgada e sua revisão*. São Paulo: RT, 2005, p. 229-230.

costume é que faz a lei, diz-se em documento do século XII; daí a pluralidade de direitos locais, fato inevitável na elaboração tradicional, empírica, do direito.

Às grandes codificações precederam tentativas, conhecidas por "Livro das Leis e Posturas", "Livro das Leis Antigas" e "Ordenações de Dom Duarte", mas deficientes, e delas não restam senão fragmentos, e de algumas leis somente cópias duvidosas. O "Livro das Leis e Posturas" continha lei atribuída ao rei Dom Afonso II acerca da vedação à reforma das decisões judiciais, cujo preceito fora repisado nas ordenações de Dom Duarte e também nas Ordenações Afonsinas.

Mais tarde, com a ascensão de D. Manoel ao trono, nova compilação foi por ele determinada e, somente em 1521, depois de emendada e concluída a sua impressão, passaram a vigorar as Ordenações Manuelinas, que mantiveram praticamente intacta aquela regra da preclusão consumativa dos poderes do juiz, após a prolação da sentença. A inovação, naquele diploma, ficou por conta da instituição do recurso de embargos, que permitia a modificação da decisão definitiva pelo magistrado, em casos específicos.

A reprodução das normas anteriores, nas Ordenações Filipinas, manteve proibida a inovação, pelo magistrado, depois de proferida a sentença, sem elucidar a confusão ainda existente entre a autoridade da coisa julgada e a eficácia da sentença, em relação à repercussão da decisão perante terceiros.[6]

Ainda na vigência desse diploma, as reformas jurídico-institucionais promovidas pelo Marquês de Pombal, sob nítida contra-influência iluminista, alteraram a disciplina da estabilidade dos julgados, sob um cunho nitidamente político. O direito que assistia ao jurisdicionado tornava a ser "uma graça" que o soberano conferia ao súdito. Como principal consequência, a possibilidade do rei sobrelevar a coisa julgada, permitindo a revisão da sentença sem explícita limitação de prazo.

No ordenamento jurídico brasileiro, desde o período monárquico, no tempo em que vigente o Poder Moderador, quando a primeira democracia do mundo recém engatinhava em solo norte-americano e ainda sequer desenhado o ideal republicano no nosso país, a Constituição Brasileira de 1824, continha previsão a respeito da coisa julgada.[7]

---

[6] TALAMINI, Eduardo. *Op. cit.*, p. 257-258.

[7] A coisa julgada apresenta-se, no prisma constitucional, sob uma perspectiva (bastante marcante) de "garantia". Essa ótica, fortemente contemplada na evolução histórica do conceito, por certo não encerra a compreensão do instituto: a ela somam-se outras perspectivas que, ao longo deste trabalho, serão oportunamente trabalhadas.

O texto constitucional anotava, dentro do "Título 8º – Das Disposições Geraes, e Garantias dos Direitos Civis, e Políticos, dos Cidadãos Brazileiros", em seu artigo 179:

> Artigo 179. A inviolabilidade dos Direitos Civis, e Políticos dos Cidadãos Brazileiros, que tem por base a liberdade, a segurança individual, e a propriedade, é garantida pela Constituição do Império, pela maneira seguinte.
>
> (...)
>
> XII. Será mantida a independência do Poder Judicial. Nenhuma Autoridade poderá avocar as Causas pendentes, sustá-las, *ou fazer reviver os processos findos*"[8] (o original não está grifado).

Essa impossibilidade de "fazer reviver os processos findos" não foi repetida da mesma forma na posterior Constituição de 1891, já sob o sistema republicano. Nesse diploma, a coisa julgada só se faz notar pela conjugação de várias disposições:

> (...) TÍTULO I – Da Organização Federal
>
> DISPOSIÇÕES PRELIMINARES (...)
>
> Art. 11 – É vedado aos estados, como à União: (...)
>
> 3º) prescrever leis retroativas (...)
>
> SEÇÃO III – Do Poder Judiciário (...)
>
> Art. 61 – As decisões dos Juízes ou Tribunais dos estados nas matérias de sua competência porão termo aos processos e às questões (...)
>
> TÍTULO V – Disposições Gerais (...)
>
> Art. 81 – Os processos findos, em matéria crime, poderão ser revistos a qualquer tempo, em benefício dos condenados, pelo Supremo Tribunal Federal, para reformar ou confirmar a sentença.[9]

A coisa julgada foi mitigada da categoria dos Direitos e Garantias Individuais, perdendo a referência expressa para ser interpretada diante da proibição da edição de leis retroativas, o encerramento dos processos pelas decisões dos juízes e tribunais, e a referência à possibilidade de revisão dos processos em matéria criminal (o que faz presumir que, uma vez permitida a revisão dos processos apenas

---

[8] BRASIL. *Constituição Política do Império do Brazil (de 25 de Março de 1824)*. Disponível em <http://www.planalto.gov.br/ccivil03/Constituição/Constituição 24.htm>. Acesso em 13 set. 2007. O texto foi preservado como encontrado na fonte, e não está grifado no original. As demais referências a esse diploma foram baseadas em consulta à mesma fonte.

[9] BRASIL. *Constituição da República dos Estados Unidos do Brasil (de 24 de fevereiro de 1891)*. Disponível em: <http://www.planalto.gov.br/ccivil.03/Constituição/Constituição91.htm>. Acesso em 18 set. 2007. As demais referências a esse diploma foram baseadas em consulta à mesma fonte.

em matéria penal – por certo, somente em favor do acusado, consagrando o instituto da revisão criminal que até hoje integra nosso sistema –, *a contrario sensu*, restaria vedada a revisão dos demais processos).

Tal situação foi reparada pelo texto constitucional de 1934, que consagra novamente a coisa julgada como integrante "Dos Direitos e Garantias Individuais", enumerados no capítulo segundo da carta Política. A letra do artigo 113, item 3, utilizou pela primeira vez a mesma dicção que é utilizada no texto atual:

> Artigo 113. A Constituição assegura a brasileiros e a estrangeiros residentes no País a inviolabilidade dos direitos concernentes à liberdade, à subsistência, à segurança individual e à propriedade, nos termos seguintes:
>
> (...)
>
> 3) A lei não prejudicará o direito adquirido, o ato jurídico perfeito e a coisa julgada.[10]

Entretanto, a crise político-econômica daquela década não permitiu que tal Diploma resistisse por muito tempo, e, em 1937, a República dos Estados Unidos do Brasil ganhava outra Lei Maior. Sob o jugo da Ditadura Varguista, uma Constituição que previa a possibilidade de pena de morte para os crimes contra a ordem política e social reduziu substancialmente o rol dos direitos e prerrogativas, substituídos em sua maioria por uma previsão genérica e fortemente condicionada:[11]

> Art. 123. A especificação das garantias e direitos acima enumerados não exclui outras garantias e direitos, resultantes da forma de governo e dos princípios consignados na Constituição. O uso desses direitos e garantias terá por limite o bem público, as necessidades da defesa, do bem-estar, da paz e da ordem coletiva, bem como as exigências da segurança da Nação e do Estado em nome dela constituído e organizado nesta Constituição.[12]

---

[10] BRASIL. *Constituição da República dos Estados Unidos do Brasil (de 16 de julho de 1934)*. Disponível em <http://www.planalto.gov.br/ccivil 03/Constituição/Constituição34.htm>. Acesso em 18 set. 2007. As demais referências a esse diploma foram baseadas em consulta à mesma fonte.

[11] O leitor mais atento poderia obtemperar que fora durante a vigência da Constituição de 1937 que ocorreria a promulgação do Decreto-Lei nº 4.657/42, cujo artigo 6º até hoje consolida o conceito legal atribuído à coisa julgada. Contudo, cumpre lembrar que a redação atualmente vigente daquele preceito só foi consolidada pela Lei nº 3.238, editada em 1967; a redação original consignava "A lei em vigor terá efeito imediato e geral. Não atingirá, entretanto, salvo disposição expressa em contrário, as situações jurídicas definitivamente constituídas e a execução do ato jurídico perfeito", sem disposição expressa acerca da coisa julgada.

[12] BRASIL. *Constituição dos Estados Unidos do Brasil (de 10 de novembro de 1937)*. Disponível em <http://www.planalto.gov.br/ccivil 03/Constituição/Constituição 37.htm>. Acesso em 18 set. 2007. As demais referências a esse diploma foram baseadas em consulta à mesma fonte.

Na Carta Constitucional de 1946, o § 3º do artigo 141 repristinou a redação antiga, trazendo mais uma vez a coisa julgada ao *status* constitucional:

> Art. 141. A Constituição assegura aos brasileiros e aos estrangeiros residentes no País a inviolabilidade dos direitos concernentes à vida, à liberdade, a segurança individual e à propriedade, nos termos seguintes:
>
> (...)
>
> § 3º A lei não prejudicará o direito adquirido, o ato jurídico perfeito e a coisa julgada.[13]

A Lei Máxima de 1967 conservou *ipsis litteris* a mesma construção, mantendo a consagração da trindade direito adquirido, ato jurídico perfeito e coisa julgada. Ditava mais uma vez o então artigo 150, § 3º:

> A lei não prejudicará o direito adquirido, o ato jurídico perfeito e a coisa julgada.[14]

Finalmente, na nossa "Constituição Cidadã", em 1988, a mesma expressão foi reprisada, no início do texto constitucional, logo após os princípios Fundamentais da República, na perspectiva da crescente importância dos direitos e garantias fundamentais como expressão legal dos Direitos Humanos.[15] É o conhecidíssimo artigo 5º, cujo inciso XXXVI prevê:

> Artigo 5º Todos são iguais perante a lei, sem distinção de qualquer natureza, garantindo-se aos brasileiros e aos estrangeiros residentes no País a inviolabilidade do direito à vida, à liberdade, à igualdade, à segurança e à propriedade, nos termos seguintes:
>
> (...)
>
> XXXVI – a lei não prejudicará o direito adquirido, o ato jurídico perfeito e a coisa julgada.[16]

---

[13] BRASIL. *Constituição dos Estados Unidos do Brasil (de 18 de setembro de 1946)*. Disponível em <http://www.planalto.gov.br/ccivil 03/Constituição/Constituição46.htm>. Acesso em 19 set. 2007. As demais referências a esse diploma foram baseadas em consulta à mesma fonte.

[14] BRASIL. *Constituição da República Federativa do Brasil de 1967*. Disponível em <http://www.planalto.gov.br/ccivil 03/Constituição/Constituição67.htm>. Acesso em 19 set. 2007. As demais referências a esse diploma foram baseadas em consulta à mesma fonte.

[15] BOBBIO, Norberto. *A Era dos Direitos*. Rio de Janeiro: Campus, 2004, p. 21. Nas palavras do mestre italiano, "(...) o processo de democratização (...) não pode avançar sem uma gradativa ampliação do reconhecimento e da proteção dos direitos do homem, acima de cada Estado".

[16] BRASIL. *Constituição da República Federativa do Brasil de 1988*. Disponível em <http://www.planalto.gov.br/ccivil 03/Constituição/Constituição.htm>. Acesso em 19 set. 2007. As demais referências a esse diploma foram baseadas em consulta à mesma fonte.

A par de toda oscilação do posicionamento constitucional, no plano jurídico, a coisa julgada é instituto de indefectível resiliência: é certo que tal instabilidade foi derivada de conjunturas políticas específicas, historicamente posicionadas em concomitância com desequilíbrios da estrutura democrática. De toda forma, ainda que recebesse tratamentos diferenciados sob o enfoque constitucional, por óbvio a perspectiva de garantia da coisa julgada jamais foi afastada do nosso ordenamento jurídico.

2.2. A CONCEPÇÃO DE COISA JULGADA NO ORDENAMENTO PÁTRIO

2.2.1. Conceito de coisa julgada

O conceito legal de coisa julgada mais naturalmente difundido é aquele constante da Lei de Introdução ao Código Civil, o Decreto-Lei 4.657/42. Preceitua o referido diploma legal, com a redação conferida pela Lei 3.238/57:

> Artigo 6º. A lei em vigor terá efeito imediato e geral, respeitados o ato jurídico perfeito, o direito adquirido e a coisa julgada.
>
> (...)
>
> § 3º Chama-se coisa julgada ou caso julgado a decisão judicial de que já não caiba recurso.[17]

Também o Código de Processo Civil dedica uma Seção inteira à coisa julgada.[18] Antes disso, ao elencar as matérias que devem ser abordadas pelo réu antes da discussão de mérito, o artigo 301, § 3º, ensaia um conceito do instituto:

> (...) há coisa julgada, quando se repete ação que já foi decidida por sentença, de que não caiba recurso.

---

[17] BRASIL. *Decreto-Lei 4.657 – Lei de Introdução ao Código Civil*. Disponível em <http://www.planalto.gov.br/ccivil 03/Decreto-Lei/Del 4657.htm>. Acesso em 13 nov. 2007. As demais referências a esse diploma foram baseadas em consulta à mesma fonte.

[18] "Seção II – Da coisa julgada" do "Capítulo VIII – Da Sentença e da coisa julgada", dentro do "Título VIII – Do procedimento ordinário", no "Livro I – Do processo de conhecimento", cujos dispositivos serão oportunamente abordados. BRASIL. *Lei 5.869 – Código de processo Civil*. Disponível em <http://www.planalto.gov.br/ccivil 03/Leis/L5869.htm>. Acesso em 13 nov. 2007. As demais referências a esse diploma foram baseadas em consulta à mesma fonte.

A previsão do artigo 467 oferece uma abordagem mais técnica, ao dispor:

> Denomina-se coisa julgada material a eficácia, que torna imutável e indiscutível a sentença, não mais sujeita a recurso ordinário ou extraordinário.

Contudo, por certo, não se revela possível apreender o abrangente significado daquele conceito somente com noção oferecida pelo texto legislativo. Como consabido, a definição não é função primeva da lei, cuja preocupação é sempre muito mais prática do que teórica; e as tentativas do legislador, em tal tocante, muito raramente ganham aprovação geral da doutrina. Nesse sentido, a coisa julgada não recebera tratamento diferente.[19]

Com efeito, a legislação apenas sugere as bases para a apreensão do alcance do instituto. Nesse sentido, é preciosa a lição de Sérgio Gilberto Porto:

> (...) oportuno afirmar que a *res judicata* reveste um conceito jurídico cujo conteúdo difere do simples enunciado de suas palavras e extrapola os parâmetros fixados pelo legislador (...) a definição de coisa julgada envolve algo mais que a simples soma de seus termos, pois representa um conceito jurídico que qualifica uma decisão judicial, atribuindo-lhe autoridade e eficácia. Trata-se, em suma, daquilo que, para os alemães, é expresso por rechtskraft, ou seja, direito e força, força legal, força dada pela lei.[20]

Efetivamente, são várias as definições que a doutrina empresta à coisa julgada. Para Celso Neves, a coisa julgada revela-se como um efeito da sentença sobre o mérito da causa, que vincula as partes e os próprios órgãos jurisdicionais ao conteúdo declaratório daquele provimento definitivo.[21]

A noção da coisa julgada como efeito da decisão judicial irrecorrível pode ser compreendida uma vez que aquela, ao encerrar o litígio, fixa a relação jurídica entre as partes e obriga o respeito ao conteúdo daquela prestação jurisdicional.[22]

Contudo, como visto, para certos autores, a coisa julgada não se resume como um mero efeito da sentença. Segundo Vicente Grecco

---

[19] LIMA, Paulo Roberto de Oliveira. *Contribuições à Teoria da Coisa Julgada*. São Paulo: RT, 1997, p. 13.

[20] PORTO, Sérgio Gilberto. *Coisa Julgada Civil*. 3ª ed. rev., atual. e ampl., São Paulo: RT, 2006, p. 51-52.

[21] NEVES, Celso. *Op. cit.*, p. 443.

[22] RODRIGUES, Maria Stella Villla Souto Lopes. *ABC do Processo Civil*. 7ª ed. São Paulo: RT, 1997, p. 234.

Filho, a *res judicata* é entendida como "a imutabilidade dos efeitos da sentença", ou mesmo "da própria sentença", decorrente do esgotamento dos recursos cabíveis para sua modificação.[23]

Em sentido semelhante, identificando a coisa julgada com a própria imutabilidade da sentença, o magistério de José Augusto Delgado:

> A entidade coisa julgada é entendida como sendo a sentença que alcançou patamar de irretratabilidade em face da impossibilidade de contra ela ser intentado qualquer recurso. (...) A sua força deve caracterizar pressuposto de verdade, certeza e justiça, formadas ou afirmadas pelo decisum judicial, impondo estado de irrevogabilidade ou irretratabilidade para o que for assegurado.[24]

Entretanto, afirma o mesmo autor que o tratamento dado pela Constituição Federal à coisa julgada não tem o alcance que muitos intérpretes lhe dão. Assevera que a vontade do legislador constituinte foi, apenas, de configurar o limite posto no artigo 5º, XXXVI, da Constituição Federal, impedindo que a lei prejudique a coisa julgada, em sua expressão maior. Revela uma mensagem de carga indicativa no sentido de que a lei, ao entrar no mundo jurídico, não haverá, em nenhuma hipótese, de produzir eficácia que leve a causar qualquer diminuição aos limites da sentença trânsita em julgado.

O referenciado inciso não proíbe a lei de prejudicar o instituto da coisa julgada, mas, sim, de malferir a coisa julgada. A Constituição Federal interditou o ataque ao comando da sentença, protegendo a imutabilidade do julgado, tornando-o imune a alterações legislativas subsequentes.

Como a Carta Política, em dispositivo único, trata cumulativamente de coisa julgada, do ato jurídico perfeito e do direito adquirido, resta claro que o desejo do constituinte foi o de impedir que lei nova tivesse o condão de alterar direito já adquirido ou ato jurídico já celebrado.

Seja como for, alguns doutrinadores situam a coisa julgada sob diferentes óticas. Para José Paulo de Albuquerque Rocha, a coisa julgada constitui proibição imposta ao magistrado de pronunciar-se

---

[23] GRECCO FILHO, Vicente. *Direito Processual Civil Brasileiro*. 6ª ed. São Paulo: Saraiva, 1993, p. 239.

[24] DELGADO, José Augusto. *Efeitos da Coisa Julgada e os Princípios Constitucionais*. In: NASCIMENTO, Carlos Valder do (Coord.). *Coisa Julgada Inconstitucional*. 4ª ed. Rio de Janeiro: América Jurídica, 2003, p. 34.

sobre "situação jurídica substancial" estabelecida por sentença de que não caiba mais recurso.[25]

Para outros, a ciência processual moderna concebe uma visão conceitual da *res judicata*, cotejando-a com o significado da função estatal relacionada à prestação da jurisdição, na qual a coisa julgada se caracteriza como uma espécie característica de preclusão. Do magistério de Luiz Fux, colhe-se:

> O fato de para cada litígio corresponder uma só decisão, sem a possibilidade de reapreciação da controvérsia após o que se denomina trânsito em julgado da decisão, caracteriza essa função estatal e a difere das demais. O momento no qual uma decisão torna-se imodificável é o trânsito em julgado, que se opera quando conteúdo daquilo que foi decidido fica ao abrigo de qualquer impugnação através de recurso, daí a sua conseqüente imutabilidade. Desta sorte, diz-se que uma decisão transita em julgado quando não pode mais ser modificada pelos meios recursais de impugnação. A impossibilidade de recorrer é ditada por uma técnica que leva em consideração vários fatores para impor a interdição à impugnação. Essa técnica denomina-se preclusão, que ontologicamente significa "precluir, fechar, impedir".[26]

Outros juristas rejeitam tal subsunção da coisa julgada à preclusão, conferindo-lhe um caráter mais abrangente. Luiz Guilherme Marinoni e Sérgio Cruz Arenhart identificam a coisa julgada como uma verdadeira "lei do caso concreto", conferindo-lhe imutabilidade que inibe discussão posterior acerca da lide.[27]

Araken de Assis, após escorreita análise da evolução histórica do posicionamento doutrinário acerca do instituto, leciona:

> A "coisa julgada" (...) consiste na indiscutibilidade do pronunciamento, quanto ao mérito, eficácia acrescentada após o trânsito em julgado. Ficam as partes subordinadas à eficácia do ato e à regra jurídica concreta por ele estabelecida.[28]

Não obstante, há quem aponte a existência de outras posições possíveis. Segundo Sérgio Gilberto Porto:

> Há quem sustente que *res judicata* constitui simples presunção da verdade; outros asseguram tratar-se de uma ficção; e outros, ainda, que se resume em ser mera verdade formal.[29]

---

[25] ROCHA, José de Albuquerque. *Teoria Geral do Processo*. 2ª ed. São Paulo: Saraiva, 1991, p. 227. *Apud* MACHADO, Hugo de Brito. *Mandado de Segurança em Matéria Tributária*. São Paulo: RT, 1994, p. 189.

[26] FUX, Luiz. *Curso de Direito Processual Civil*. Rio de Janeiro: Forense, 2005, p. 821.

[27] MARINONI, Luiz Guilherme; ARENHART, Sérgio Cruz. *Manual do Processo de Conhecimento*: a Tutela Jurisdicional Através do Processo de Conhecimento. São Paulo: RT, 2001, p. 605 e 610.

[28] ASSIS, Araken de. *Eficácia da Coisa Julgada Inconstitucional*. In: NASCIMENTO, Carlos Valder do. (coord.). *Coisa Julgada Inconstitucional*. 4ª ed. Rio de Janeiro: América Jurídica, 2003, p. 208.

[29] PORTO, Sérgio Gilberto. *Op. cit.*, p. 48-49.

Os professores Fredie Didier Júnior, Rafael Oliveira e Paula Sarno Braga entendem que a coisa julgada é um "efeito jurídico" consistente na "imutabilidade do conteúdo do dispositivo da decisão", que advém, dentre outros fatos, da prolação da decisão jurisdicional de mérito, a partir de cognição "exauriente", inimpugnável no âmbito do processo em que foi exarada.[30]

É verdade que os diferentes conceitos doutrinários da coisa julgada podem parecer distintos (ou até mesmo relativamente contraditórios) entre si, à primeira vista. Contudo, tal divergência reveste-se de relevância para a compreensão dos diferentes elementos que compõem o instituto. Isso porque a diferença entre os conceitos apresentados não reside apenas nas divergências presentes na doutrina, antes referidas, mas também revela algum grau de imprecisão na definição do instituto, que, em verdade, adianta alguns dos vários núcleos de significado contemplados pela *res judicata*, que serão oportunamente analisados no presente estudo.

2.2.2. Natureza da coisa julgada

Como visto anteriormente, a doutrina não é pacífica a respeito do instituto. O consenso existente gira em torno da sua qualidade de estabelecer algo imutável. O objeto, ou conteúdo, dessa imutabilidade, é que varia conforme o entendimento dos doutrinadores.

Para compreender a distinção entre os conceitos de eficácia, efeito e o conteúdo da sentença, vale referir a lição de Luiz Guilherme Marinoni e Sérgio Cruz Arenhart:

> A eficácia da sentença é a potencialidade (virtualidade) que lhe é atribuída, para produzir efeitos. Toda sentença, porque deve (ou ao menos pode) corresponder à pretensão de direito material exposta pelo autor, deve conter, em si, eficácias capazes de corresponder àquela pretensão e, assim, exercer a ação de direito material buscada. O conjunto destas eficácias, somado a alguns efeitos (que ocorrem concomitantemente com a sentença), conforme aquilo que se denomina de conteúdo da sentença. E, ao realizar(em)-se concretamente, estas eficácias convertem-se em efeitos concretos.[31]

No direito brasileiro, prevalecera por muitos anos a noção da coisa julgada como um dentre outros possíveis efeitos da sentença,

---

[30] DIDIER JÚNIOR, Fredie; OLIVEIRA, Rafael; BRAGA, Paula Sarno. *Curso de Direito Processual Civil*: Direito Probatório, Decisão Judicial, Cumprimento e Liquidação de Sentença e Coisa Julgada, vol. 2. Bahia: Jus Podivm, p. 486.

[31] MARINONI, Luiz Guilherme; ARENHART, Sérgio Cruz. *Op. cit.*, p. 590-591.

muita vez confundido com o próprio efeito declaratório. Tal concepção, que remonta ao direito romano, ainda prevalece no entendimento doutrinário de alguns sistemas jurídicos estrangeiros.

A distinção entre os efeitos da sentença e a autoridade da coisa julgada já fora esboçada por Giuseppe Chiovenda, ao diferenciar a existência da sentença perante todos (e a sua "validade" *erga omnes*) e a eficácia do julgado, restrita entre as partes do processo, e, ainda, assinalar que a possibilidade conferida às partes de renunciar aos efeitos do julgado não ensejava que fosse dado às partes requerer novo exame da questão submetida ao crivo jurisdicional.[32]

Enrico Tullio Liebman, em obra clássica sobre o tema, estabelece com precisão o contraste entre os efeitos da sentença e a qualidade agregada a eles (e à própria sentença) pela coisa julgada:

> A autoridade da coisa julgada não é o efeito da sentença, mas uma qualidade, um modo de ser e de manifestar-se dos seus efeitos, quaisquer que sejam, vários e diversos, consoante as diferentes categorias das sentenças.[33]

Para aquele jurista, então, a coisa julgada não é um efeito da sentença, mas uma qualidade da mesma, que a torna imutável. A autoridade da coisa julgada passa a ser compreendida como o modo de manifestação (ou produção) dos efeitos do *decisum*, algo que a esses efeitos se une para qualificá-los e reforçá-los em sentido determinado.[34]

Com efeito, Liebman afastava a subsunção da *res judicata* como efeito da sentença, distinguindo-a como manifestação e vigência daqueles (fossem condenatórios, declaratórios ou constitutivos – de acordo com a classificação tradicional vigente à época). Para legitimar sua tese, demonstrara que os efeitos da sentença podem produzir-se anterior ou independentemente à coisa julgada (já compreendida como aquela autoridade decorrente da imutabilidade da decisão).[35]

Embora esses ensinamentos ganhassem larga aceitação na Itália e em outros países europeus, na doutrina pátria, a natureza jurídica da coisa julgada viria a ser objeto da crítica de Barbosa Moreira. Segundo tal processualista, a coisa julgada consistiria na imutabilidade do conteúdo do comando da sentença. Isso porque os efeitos da

---

[32] TALAMINI, Eduardo. *Op. cit.*, p. 33

[33] LIEBMAN, Enrico Tullio. *Eficacia e Autoridade da Sentença*. Rio de Janeiro: Forense, 1945, p. 16.

[34] *Ibidem*, p. 5.

[35] *Ibidem*, p. 18-20.

sentença poderiam eventualmente ser modificados ou extintos – seja por força da sua atuação natural, seja em face da disponibilidade do direito que faculta às partes a (re)composição das situações jurídicas[36] – sem que isso significasse a alteração da própria *res judicata*.[37]

Referido doutrinador ensina que, na sentença, o juiz formula a norma jurídica concreta que deve disciplinar a situação levada ao seu conhecimento. Essa norma jurídica, enquanto referida àquela situação, destina-se, sem dúvida – desde que a sentença passe em julgado – a perdurar indefinidamente, excluída a possibilidade de emissão outra norma concreta e a relevância jurídica de qualquer eventual contestação ou dúvida. Defende a ideia de que o conteúdo sujeito ao pálio da proteção constitucional, com referência à situação existente ao tempo em que a sentença foi prolatada, não são os efeitos, mas a própria sentença, ou, mais precisamente a norma jurídica concreta nela contida.

Nas palavras do jurista fluminense:

A quem observe, com atenção, a realidade da vida jurídica, não pode deixar de impor-se esta verdade simples: se alguma coisa, em tudo isso, escapa ao selo da imutabilidade, são justamente os efeitos da sentença.[38]

Para Ovídio Araújo Baptista da Silva, é verdade que a coisa julgada não constitui mero efeito da sentença, e que a qualidade agregada pela coisa julgada à decisão não torna imodificáveis todos os efeitos da sentença. De qualquer sorte, entende que a imutabilidade conferida pela coisa julgada não reside sobre o conteúdo do comando da decisão, mas sobre o seu efeito declaratório, tornando-o indiscutível.[39]

Reportando à lição doutrinária de Pontes de Miranda, afirma este doutrinador que:

(...) desaparecendo os efeitos constitutivos, ou executivos, ou condenatórios que são absolutamente mutáveis, e mesmo assim a imutabilidade correspondente à coisa jul-

---

[36] Parece razoável compreender que o devedor conserva a faculdade de pagar o credor, mesmo em face de sentença que declare a prescrição do crédito; igualmente, é possível visualizar situação na qual os membros de um casal, que ingressaram com pedido de divórcio, pela via judicial, possam, depois do trânsito em julgado da sentença respectiva, contrair entre si nova relação matrimonial.

[37] BARBOSA MOREIRA, José Carlos. Eficácia da Sentença e autoridade da coisa julgada. In: *Revista Brasileira de Direito Processual*, nº 32. Rio de Janeiro: Forense, 1982, p. 41.

[38] *Ibidem*, p. 60.

[39] SILVA, Ovídio Araújo Baptista da. *Sentença e Coisa Julgada*. Porto Alegre: SAFe, 1995, p. 104-106.

gada permanecendo inalterada, a conclusão que se impõe é a de que essa qualidade só se há de referir ao efeito declaratório.[40]

Em obra publicada recentemente,[41] o professor defende a jurisdição estatal como "instituição indispensável à prática de um autêntico regime democrático", para tratar as deficiências e obstáculos, opostos pelo sistema processual, a uma jurisdição compatível com os tempos atuais, capaz de tratar com a sociedade de consumo, complexa e pluralista, em seu estágio de globalização.

Pondera que nosso padrão epistemológico ficou preso ao iluminismo, tendo como pressupostos a redução do fenômeno jurídico apenas ao "mundo normativo" e ao de ser a lei uma proposição de sentido unívoco. Como consequência, congelou e dogmatizou o sistema, sem que a doutrina e a prática forense ficassem liberadas para acompanhar as transformações sociais, ocorridas nos dois últimos séculos.

Seguindo o pensar de Hans-Georg Gadamer,[42] o professor defende uma visão interdisciplinar e o compromisso da ciência processual com a História. Para ele, os conceitos jurídicos são instrumentalizados por meio de uma perspectiva histórica, que "haverá de ser revelada por quem procure compreendê-la para adequadamente aplicá-los".

Condena o paradigma racionalista que fez do Direito uma ciência sujeita aos princípios metodológicos aplicados nas ciências exatas. Assevera que é necessário ampliar o debate a respeito, objetivando superar o dogmatismo para assim aproximar o Direito de seu leito natural, como ciência da cultura, recuperando sua dimensão hermenêutica.

Uma vez superado o positivismo, recolocando o processo civil no campo das ciências hermenêuticas, as sentenças tornar-se-ão um reflexo da constelação de valores válidos para as circunstâncias históricas que os produziram.

Em que pesem as divergências quanto a ser ou não a coisa julgada um efeito da sentença, a doutrina é unívoca em um ponto: a coisa julgada possui um caráter político. É um instrumento de política ju-

---

[40] *Ibidem*, p. 98.

[41] SILVA, Ovídio Araújo Baptista da. *Processo e Ideologia: o paradigma racionalista*. Rio de Janeiro: Forense, 2006, p. 180.

[42] Nas palavras do jusfilófoso alemão, "Sigo desde hace tiempo el princípio metodológico de no emprender nada sin rendir cuentas de la historia que se esconde detrás de los conceptos". GADAMER, Hans-Georg. *El giro hermenêutico*. Coletânea de Ensaios. Rogar: Madrid, 1998, p. 12. *Apud*, SILVA, Ovídio Araújo Baptista da. *Processo (...)*, p. 183.

diciária e com um sentido dúplice: quer porque exclui a possibilidade de recurso ou a reapreciação de questões já decididas e incidentes sobre a relação processual dentro do mesmo processo – caso julgado formal –, quer porque a relação material controvertida é decidida em termos definitivos, impondo-se a todos os tribunais e a todas as autoridades.

2.2.3. Funções "positiva" e "negativa" da coisa julgada

Os efeitos da coisa julgada (sanatório e preclusivo), entendem-se como vinculativos ao resultado da demanda; importa dizer que, passada em julgado a sentença, nada mais pode ser alegado, em relação à mesma.

Além desses efeitos, existem os efeitos ou eficácias materiais da sentença, também denominados aspectos ou funções negativa e positiva da coisa julgada. Segundo Sérgio Gilberto Porto,

> (...) o instituto da coisa julgada, no campo pragmático, desempenha distintas funções. Dentre elas, merecem destaque aquelas definidas pela doutrina como sendo a negativa e a positiva ou, ainda, como querem alguns, o efeito positivo e o negativo. (...) de duas maneiras distintas se pode fazer uso da coisa julgada: a) para impedir a repetição da mesma demanda; e b) para vincular o juízo futuro a decisão já proferida. Na primeira hipótese, se está diante da função negativa, e, na segunda, frente à função positiva. (...) Em síntese: no primeiro caso, o dever é de non facere, non agere, não discutir; no segundo caso, o dever é de facere ou agere, tomar como subsistema a solução julgada.[43]

O efeito positivo da coisa julgada pode traduzir-se como o correspondente ao uso da coisa julgada (declaração no primeiro processo), isto é, do seu conteúdo, como imperativo para o segundo julgamento. O efeito negativo, por sua vez, impede a reapreciação das questões já decididas pela sentença anterior. Assim, enquanto em face do efeito negativo, o segundo processo (que repisa eventual questão acobertada pelo manto da *res judicata*) será extinto sem julgamento do mérito, ocorrente o efeito positivo da coisa julgada, esta se constituirá fundamento para a segunda demanda (que discute relação incidental ou dependente da declaração trânsita em julgado no processo anterior), no qual não se poderá discutir mais a relação jurídica primitiva, considerada tal qual como decidida na sentença anterior para o julgamento deste segundo processo.

---

[43] PORTO, Sérgio Gilberto. *Op. cit.*, p. 66.

Ovídio Araújo Baptista da Silva liga a função negativa ao princípio do *ne bis in idem*, na medida em que este impede novo julgamento, ao passo que a função positiva, diz o respeitado mestre, vincula o juiz do segundo processo, obrigando-o a levar em conta a sentença como coisa julgada, ensinando:

> O efeito negativo da coisa julgada opera sempre como *exceptio rei iudicate*, ou seja, como defesa, para impedir o novo julgamento daquilo que já fora decidido na demanda anterior. O efeito positivo, ao contrário, corresponde à utilização da coisa julgada propriamente em seu conteúdo, tornando-o imperativo para o seu julgamento. Enquanto a *exceptio rei iudicate* é forma de defesa, a ser empregada pelo demandado, o efeito da coisa julgada pode ser fundamento de uma segunda demanda.[44]

E diante do efeito negativo da coisa julgada, arguido pela parte interessada, como se comportará o juiz? Consabido que a coisa julgada material é a qualidade que se soma, em dadas circunstâncias, ao efeito declaratório da sentença, tornando-o indiscutível. Diante do ajuizamento de processo com o fito de discutir algo já declarado por sentença anterior, a parte interessada sempre poderá arguir a *exceptio rei iudicate*, que serve para vedar um novo julgamento sobre o que foi coberto pela coisa julgada.

Tal exceção é forma de defesa deduzida, por excelência, como matéria preliminar de contestação. Contudo, tratando-se de matéria de ordem pública, pode ser arguida em qualquer tempo ou grau de jurisdição, consoante resulta da regra inserta no artigo 267, § 3º, *in initio*, do CPC. A parte final do mesmo dispositivo, contudo, reproduz norma equivalente àquela prevista no artigo 22 do CPC, incumbindo o pagamento das custas correspondentes àquele que retardar a alegação, e retirando-lhe o direito de haver do vencido os honorários da sucumbência.

O reconhecimento, pelo juiz, a respeito da ocorrência da coisa julgada, conduz à extinção do processo, sem resolução de mérito. Deste modo, pode-se afirmar que o trânsito em julgado está ligado à declaração que o juiz opera na sentença, de que incidiu este ou aquele preceito normativo, naquela hipótese, transformando-o na lei para o caso concreto.

Sérgio Gilberto Porto refere:

> (...) embora inexista pacífica uniformidade de opiniões em torno das funções da coisa julgada, parece irrebatível, modernamente, que ela efetivamente possui a virtualidade de impedir um novo julgamento e que essa capacidade se define como sendo sua

---

[44] SILVA, Ovídio Araújo Baptista da. *Coisa Julgada Relativa?* Disponível em <http://www.baptistadasilva.com.br/artigos002.htm>. Acesso em 08 jun. 2007.

> função negativa; possui também a potencialidade de substanciar demanda futura, como no caso em que – por exemplo – controvertem autor e réu sobre a natureza jurídica de certo contrato. Definido este como de locação, emerge daí a possibilidade de, com base na decisão anterior, se buscar o pagamento de alugueres. Nessa futura demanda, por evidente, a possibilidade de procedência tem suporte, justamente na coisa julgada, e disso decorre o reconhecimento da inafastável função positiva que esta possui (...).[45]

Assim, tem-se que é sempre a autoridade da coisa julgada que faz o juiz ficar vinculado ao conteúdo do comando anterior, seja para negar novo julgamento, seja para decidir tomando aquele comando como premissa necessária. A coisa julgada apresenta esses dois aspectos: ora funciona de modo negativo, ao impedir uma nova apreciação daquilo que já haja sido objeto de apreciação judicial anterior, ora revela-se pela imposição ao futuro juiz do conteúdo declaratório de um julgado anterior, que haverá inexoravelmente de ser levado em consideração pelo novo juiz, não apenas para que considere sua existência e por isso abstenha-se de novo exame, mas para que tome seu conteúdo como um pressuposto necessário à decisão que haverá de proferir, porquanto o objeto do julgado primitivo apresenta-se ao novo juiz como questão prejudicial.

2.2.4. Limites da coisa julgada

2.2.4.1. Limites subjetivos

Como regra, a coisa julgada opera apenas perante as partes,[46] conforme deflui das disposições do artigo 472 do CPC. Tal norma é corolário das garantias constitucionais da inafastabilidade da tutela jurisdicional, do devido processo legal, do contraditório e da ampla defesa (CF, artigo 5º, XXXV, LIV e LV). Estender efeitos da coisa julgada formada em processo alheio a terceiros importaria, por via indireta, verdadeira negativa do direito de acesso à justiça. Depois, implicaria eventual privação de bens sem o devido processo legal. Haveria ainda a frustração da garantia do contraditório: de nada adiantaria assegurar o contraditório e a ampla defesa a todos os que participam do processo e, ao mesmo tempo, impor como definitivo o resultado do processo àqueles que dele não puderam participar.

---
[45] PORTO, Sérgio Gilberto. *Op. cit.*, p. 68.
[46] TALAMINI, Eduardo. *Op. cit.*, p. 96.

Contudo, isso não significa que os efeitos da sentença não atinjam os terceiros. Nesse ponto, assume grande importância a distinção feita por Enrico Tullio Liebman entre efeitos e autoridade da sentença: em regra, o terceiro é atingido pelos efeitos da sentença, mas não pela coisa julgada.

O doutrinador sustenta que o processo não é um negócio combinado em família e produtor de efeitos somente para as pessoas iniciadas nos mistérios de cada efeito. É o processo, ao contrário, atividade pública, exercida para garantir a observância da lei. Desse modo, todos estão, abstratamente, submetidos à eficácia da sentença, embora nem todos sofram os efeitos da mesma.

Segundo seu entendimento, sofrem os efeitos da sentença aquelas pessoas em cuja esfera jurídica esteja situado diretamente, em maior ou menor grau, o seu objeto. Assim, em primeiro lugar, estão as partes titulares da relação afirmada em juízo; depois, gradativamente, todos os outros cujos direitos estejam de certo modo com ela em relação de conexão, dependência ou interferência jurídica ou fática. A natureza da sujeição, para todos (partes ou terceiros), é a mesma. A medida dessa sujeição, porém, é que irá determinar-se pela relação de cada um com o objeto da decisão.

De acordo com o jurista,

> Entre partes e terceiros só há esta grande diferença, que para as partes, quando a sentença passa em julgado, os seus efeitos se tornam imutáveis, ao passo que para terceiros isso não acontece.[47]

Nessa linha de entendimento, conclui-se que a coisa julgada atinge terceiros, podendo repercutir em relação a estes, a exemplo do observado com credores, avalizados, afiançados, coavalistas, terceiros com iguais direitos, detentores de mesmos pedidos e fundamentos, em relação às partes do processo.

O que vale para todos – *erga omnes* – é a eficácia natural da sentença, considerado como a imperatividade da decisão judicial na ordem jurídica e social; a autoridade da coisa julgada, propriamente dita, vale somente entre as partes.

Necessário sustentar-se que certas relações jurídicas, por influência de outra submetida à julgamento, podem modificar-se de tal forma, sob o aspecto material, conforme a decisão proferida, que o terceiro se veja atingido pelas consequências do ato sentencial por reflexo. No entanto, não sofrem os efeitos diretamente decorrentes

---

[47] LIEBMAN, Enrico Tullio. *Op. cit.*, p. 50.

da imutabilidade da sentença, mas meramente os seus efeitos civis, bem podendo discutir, por outra ação, o seu direito material.

Excepcionalmente, existem casos de extensão da coisa julgada a quem não foi parte, dada a posição especial ocupada no plano das relações de direito material e de sua natureza.

Entre as hipóteses, podem ser destacadas: a) a dos sucessores das partes, que estão sujeitos à coisa julgada pelo fato de receberem direitos e ações no estado de coisa julgada; b) no caso de substituição processual, em que o substituto figura como parte, mas o direito material pertence ao substituído, o qual tem sua relação jurídica decidida com força de coisa julgada; c) o dos legitimados concorrentes para demandar, no caso dos credores solidários.

Abordando a situação dos terceiros frente à coisa julgada, Alexandre Freitas Câmara lembra que nem todos sofrem com a mesma intensidade os efeitos da sentença e afirma que os mesmos se posicionam em duas grandes categorias: terceiros juridicamente indiferentes, subdivididos em terceiros desinteressados e terceiros interessados de fato; e terceiros juridicamente interessados, que, por sua vez, também se subdividem em terceiros com interesse idêntico ao das partes e terceiros com interesse inferior ao das partes.[48]

O mesmo autor afirma que só os terceiros com interesse inferior ao das partes que aleguem injustiça da decisão e os terceiros com interesse idêntico ao das partes podem resistir à coisa julgada, não sendo, pois, atingidos pela indiscutibilidade da mesma. Afinal, por certo, não seria justo que terceiros fossem atingidos pela eficácia da sentença transitada em julgado. Desse modo, entendemos que a indiscutibilidade da sentença transitada em julgado, nas ações individuais, opera-se *inter partes*, e não *erga omnes*, nas ações coletivas opera-se a coisa julgada *extra partes*, expressão que engloba ambos os conceitos *erga omnes* e *ultra pares*, na medida que significa a extensão de sua autoridade para pessoas que não fizeram parte da relação processual.[49]

Há também a figura da substituição processual, e chamada de legitimação extraordinária, que tem previsão legal no artigo 6º do Código de Processo Civil. A última parte do dispositivo, "salvo quando autorizado por lei", refere-se aos casos de legitimação extra-

---

[48] CÂMARA, Alexandre Freitas. *Lições de Direito Processual Civil*, vol. I. Rio de Janeiro: Freitas Bastos, 1998, p. 429.

[49] *Ibidem*, p. 429-430.

ordinária, em que alguém substitui a parte no processo, passando a ocupar seu lugar.

Conforme explicita José Frederico Marques, dá-se a substituição processual quando alguém está legitimado a agir em juízo, em nome próprio, como autor e réu, para defesa do direito de outrem. Portanto, em casos de legitimação extraordinária, o substituto, que figurou na relação como parte, defendendo em nome próprio direito alheio, é atingido pela coisa julgada.[50]

Em síntese: os efeitos da sentença não se limitam às partes, mas o terceiro, na medida em que tais efeitos repercutam na sua esfera jurídica de modo a conferir-lhe interesse e legitimidade para agir, não fica impedido de buscar outro pronunciamento jurisdicional, em sentido diverso daquele emitido no processo de que não participou, sem que se lhe possa opor a coisa julgada. Caberá ao terceiro demonstrar sua razão – o que passará pela demonstração do desacerto da anterior sentença, no ponto em que os efeitos dela o atinjam.

2.2.4.2. Limites objetivos

Os limites objetivos da coisa julgada podem ser compreendidos como a investigação acerca de qual o conteúdo da sentença fica protegido pelo manto da imutabilidade ou indiscutibilidade.

Enrico Tullio Liebman, reportando aos ensinamentos de Francisco de Paula Batista, consigna que

> A coisa julgada é restrita à parte dispositiva do julgamento e aos pontos aí decididos e fielmente compreendidos em relação aos seus motivos subjetivos.[51]

Vale dizer que os motivos da sentença não constituem objeto da coisa julgada, mas devem ser tomados em consideração para se entender o verdadeiro e completo alcance da decisão.[52] Depois de recordar o pensamento oscilante da doutrina e da jurisprudência brasileira e de aludir à tendência restritiva predominantemente na Europa, remata aquele processualista:

---

[50] MARQUES, José Frederico. *Instituições de Direito Processual Civil*, vol. II. Campinas: Millennium, 2000, p. 102-103.

[51] BAPTISTA PAULA, Francisco de. *Compêndio de Teoria e Prática do Processo Civil*, 8ª ed. São Paulo: 1935. Apud LIEBMAN, Enrico Tullio. *Estudos sobre o Processo Civil Brasileiro: Limites Objetivos da Coisa Julgada*. São Paulo: Saraiva, 1947, p. 163.

[52] LIEBMAN, Enrico Tullio. *Estudos (...)*, p. 163.

> (...) a coisa julgada se restringe à parte dispositiva da sentença. A expressão, entretanto, deve ser entendida em sentido substancial e não apenas formalístico, de modo que compreenda não apenas a frase final da sentença, mas também tudo quanto o juiz porventura haja considerado e resolvido acerca do pedido feito pelas partes. Os motivos são, pois, excluídos, por essa razão, da coisa julgada, mas constituem amiúde indispensável elemento para determinar com exatidão o significado e o alcance do dispositivo.[53]

Conforme leciona João de Castro Mendes, a necessidade de respeito pela coisa julgada não prescinde que as afirmações contidas na decisão, entendidas como o comando da sentença, possam ser colocadas de modo juridicamente relevante numa situação de certeza.[54]

A delimitação dessa certeza passa pela compreensão do comando do artigo 469 do Código de Processo Civil. Segundo tal dispositivo:

> Não fazem coisa julgada: (I) os motivos, ainda que importantes para determinar o alcance da parte dispositiva da sentença; (II) a verdade dos fatos, estabelecida como fundamento da sentença; (III) a apreciação da questão prejudicial, decidida incidentalmente no processo

Equivale dizer, portanto, que os limites objetivos da *res judicata* estão fixados na parte dispositiva da sentença, somente esta parte, portanto, estaria sujeita aos efeitos da coisa julgada material.

Em relação à questão prejudicial decidida incidentemente no processo, o artigo 470 do mesmo diploma legal consagra possibilidade de exceção à regra geral:

> Faz, todavia, coisa julgada a resolução da questão prejudicial, se a parte o requerer (arts. 5º e 325), o juiz for competente em razão da matéria e constituir pressuposto necessário para o julgamento da lide.

Por certo, a definição do alcance dos limites objetivos da coisa julgada contempla também a compreensão da eficácia preclusiva da coisa julgada, nos termos da norma do artigo 474 da mesma legislação:

> Passada em julgado a sentença de mérito, reputar-se-ão deduzidas e repelidas todas as alegações e defesas, que a parte poderia opor assim ao acolhimento como à rejeição do pedido.

Importa dizer que, no curso da lide, a parte deve opor todas as questões atinentes à matéria discutida no processo, sob pena de, não

---

[53] LIEBMAN, Enrico Tullio. *Estudos (...)*, p. 168.

[54] MENDES, João de Castro. *Limites Objectivos do Caso Julgado em Processo Civil*. Portugal: Ática, 1968, p. 34.

o fazendo, perder a faculdade de deduzi-las a partir da perfectibilização da *res judicata*.

Cumpre destacar que efeito e eficácia não se confundem, significando conceitos distintos. Paulo Valério Dal Pai Moraes traz a distinção: eficácias são potencialidades, virtualidades inclusas no conteúdo das sentenças, as quais são "materializadas, concretizadas", atualizadas sob a forma de efeitos. Efeitos, portanto, corresponderiam à expressão dinâmica das eficácias ou à sua exteriorização em relação ao formalismo sentencial, representando, precipuamente, a execução, por intermédio da atividade jurisdicional, da ação de direito material a que foram impelidas as partes.[55]

Portanto, eficácia é a possibilidade de materializar o conteúdo da sentença; efeito é a exteriorização dessa materialização. Portanto, seria a eficácia (ou eficácias) da sentença que se tornaria imutável, não os seus efeitos.

Outrossim, vale esclarecer que, quando se refere à mutabilidade dos efeitos e imutabilidade das eficácias, está-se referindo a direitos disponíveis, porque tal raciocínio não se mostra adequado aos direitos indisponíveis, justamente por seu caráter irrenunciável.

Sérgio Gilberto Porto afirma que não há como modificar certos efeitos produzidos pela sentença. Exemplifica o doutrinador que na demanda investigatória de paternidade julgada procedente, um dos vários efeitos produzidos é a expedição de mandado de retificação do assento de nascimento do investigante, para que nele se inclua o nome do pai. Segundo o jurista, não há como impedir a produção deste resultado no sistema brasileiro, sendo, portanto, imodificável o efeito, razão pela qual se tem por incorreta a afirmação genérica de que os efeitos são modificáveis – pois nem sempre serão.[56]

Logo, efeitos são mutáveis quando os direitos forem disponíveis, e imutáveis, assim como as eficácias, em face de direitos indisponíveis, constituindo, assim, os limites objetivos da coisa julgada.

Sendo assim, a coisa julgada abrangerá todas as questões decididas pelo juiz, assim consideradas aquelas referidas na parte dispositiva e as demais resolvidas na motivação, quando o juiz também decida nesta parte. Deste modo, possível definir que a *res judicata* poderá recair sobre os pontos colocados em discussão e definitiva-

---

[55] MORAES, Paulo Valério Dal Pai. *Conteúdo Interno da Sentença*: eficácia e coisa julgada. Porto Alegre: Livraria do Advogado, 1997, p. 48-55.

[56] PORTO, Sérgio Gilberto. *Op. cit.*, p. 77.

mente transitados em julgado, à exceção das questões prejudiciais e as de ordem pública, porque não submetidas à preclusão máxima.

Nesse teor,

É exato dizer que a coisa julgada se restringe à parte dispositiva da sentença, a essa expressão, todavia, deve dar-se um sentido substancial e não formalista, de modo que abranja não só a fase final da sentença, como, também, qualquer outro ponto em que tenha o juiz eventualmente provido sobre o pedido das partes.[57]

A coisa julgada, objetivamente considerada, se forma nos limites e pontos do pedido (artigos 128 e 460 do Código de Processo Civil) decidido pelo juiz, restrita ao objeto do processo definido pela lide. Destarte, não possui autoridade além dos limites da lide posta e decidida.

De qualquer sorte, ao contrário do que espelha o preceito do artigo 467 do Código de Processo Civil, a eficácia da sentença é mutável, porque as partes podem "descumprir" a sentença, convencionando diferentemente do contido nela. O conteúdo declaratório da parte dispositiva, este sim, é imutável e indiscutível.

2.3. COISA JULGADA À LUZ DA ORDEM CONSTITUCIONAL

2.3.1. *Status* constitucional da coisa julgada

Como antes referido, a Constituição Federal de 1988, em seu artigo 5º, que trata dos direitos e garantias individuais e coletivos, trata da coisa julgada no seu inciso XXXVI, ao dispor que "a lei não prejudicará o direito adquirido, o ato jurídico perfeito e a coisa julgada".

Paulo Roberto de Oliveira Lima afirma que o referenciado inciso XXXVI não proíbe a lei de prejudicar o *instituto da coisa julgada*, mas, sim, de malferir a *coisa julgada*. A Constituição interditou o ataque ao comando da sentença, protegendo a imutabilidade do julgado, tornando-o imune a alterações legislativas subsequentes.[58]

---

[57] TJSP. Quinta Câmara Cível. Apelação Cível nº 201.841, j. em 20.05.1987, relator o Senhor Desembargador ALFREDO MIGLIORE. In: *Revista dos Tribunais*, nº 623. São Paulo: RT, p. 125.

[58] LIMA, Paulo Roberto de Oliveira. *Op. cit.*, p. 84.

Conforme aquele jurista, em verdade, o que a Carta Política não admite é a retroatividade da lei para influir na solução dada, a caso concreto, por sentença de que já não caiba recurso.[59]

E conclui que a proteção constitucional da coisa julgada é mais tímida do que se supõe, sendo perfeitamente compatível com a existência de restrições e de instrumentos de revisão e controle dos julgados. A proteção constitucional da coisa julgada não é mais do que uma das muitas faces do princípio da irretroatividade da lei.[60]

Carlos Valder do Nascimento também é filiado à corrente que entende que o legislador, ao tratar da coisa julgada na Constituição Federal, apenas quis colocá-la a salvo da lei nova, ou seja, uma decisão passada em julgado não poderia ser desfeita se uma lei posterior desse tratamento jurídico diferente àquele dispositivo utilizado pelo juiz em seu pronunciamento. É o princípio da irretroatividade da lei.[61] Esta é a única regra sobre coisa julgada que adquiriu foro constitucional; tudo o mais no instituto é matéria objeto de lei ordinária.

Entretanto, prevalece na doutrina majoritária o entendimento de que "Não há como deixar de conferir relevância constitucional à coisa julgada". Efetivamente, a norma constitucional não pode ser interpretada como "mecanismo meramente instrumental à garantia da irretroatividade das leis", mas sim, como "garantia constitucional" propriamente dita, constituindo cláusula pétrea, alheia ao alcance do constituinte derivado, bem como garantia institucional, prestigiando a "eficiência e racionalidade da atuação estatal", ao vedar "repetição de atividade [jurisdicional] sobre um mesmo objeto".[62]

Com efeito, a Constituição Federal de 1988 trouxe inovações de significativa importância na seara dos direitos fundamentais, outorgando-lhes *status* constitucional.

Ao tratar do tema, o professor Ingo Wolfgang Sarlet assevera:

> (...) há como afirmar, sem medo de errar, que, a despeito da existência de pontos passíveis de crítica e ajustes, os direitos fundamentais estão vivenciando o seu melhor momento na história do constitucionalismo pátrio, ao menos no que diz com seu reconhecimento pela ordem jurídica positiva interna e pelo instrumentário que se

---

[59] LIMA, Paulo Roberto de Oliveira. *Op. cit.*, p. 86.

[60] *Ibidem, loc. cit.*

[61] NASCIMENTO, Carlos Valder do. Coisa Julgada Inconstitucional. In: NASCIMENTO, Carlos Valder do. (Coord.). *Coisa Julgada Inconstitucional*. 4ª ed. Rio de Janeiro: América Jurídica, 2003, p. 147-148.

[62] TALAMINI, Eduardo. *Op. cit.*, p. 50-52.

colocou à disposição dos operadores do Direito, inclusive no que concerne às possibilidades de efetivação sem precedentes no ordenamento nacional.[63]

Todavia, apesar de enfatizar o bom momento dos direitos fundamentais, demonstra o professor sua preocupação com a eficácia desses direitos. Ressalta o cunho eminentemente principiológico da norma e destaca a importância da aplicação dos princípios da proporcionalidade e da harmonização dos valores em questão, sugerindo que seja reconduzido ao princípio fundamental do respeito e da proteção da dignidade da pessoa humana.[64]

Embora o conteúdo da expressão *dignidade humana* seja difícil de ser determinado, pois contém um dado subjetivo muito forte, podemos dizer, amparados pelas lições de Celso Bastos e Ives Gandra Martins, que:

> A referência à dignidade humana parece conglobar em si todos aqueles direitos fundamentais, quer sejam os individuais, quer sejam os de fundo econômico.[65]

No mesmo sentido é a conclusão de José Afonso da Silva quando diz que "a dignidade humana constitui um valor que atrai a realização dos direitos fundamentais do Homem, em todas as suas dimensões".[66]

De qualquer modo, mesmo sendo difícil definir o conteúdo de "dignidade da pessoa humana", não se visualiza grande dificuldade ao identificar situações em que o princípio está sendo violado.

E, para dirimir um conflito jusprincipiológico, aplica-se a técnica da harmonização, que consiste na realização de uma redução proporcional do âmbito de alcance de cada princípio, preponderando aquele de maior peso.[67]

Com efeito, ao contrário das normas-regras, que têm vigência excludente no caso de conflito, as normas-princípios têm vigência concorrente. Dessa forma, se "as regras são aplicáveis à maneira do tudo-ou-nada", os princípios, em contrapartida, "apenas enunciam uma razão que conduz o argumento em uma certa direção".[68]

---

[63] SARLET, Ingo Wolfgang. *A Eficácia dos Direitos Fundamentais*. 5ª ed. rev., atual. e ampl. Porto Alegre: Livraria do Advogado, 2005, p. 80.

[64] *Ibidem*, p. 81-82.

[65] BASTOS, Celso Ribeiro; MARTINS, Ives Gandra da Silva. *Comentários à Constituição do Brasil*, vol. I, São Paulo: Saraiva, 1988, p. 425.

[66] SILVA, José Afonso da. *Poder Constituinte e Poder Popular: Estudos sobre a Constituição*. São Paulo: Malheiros, 2000, p. 149.

[67] ALEXY, Robert. *El Concepto y la Validez del Derecho*. Barcelona: Gedisa, 1994, p. 162.

[68] DWORKIN, Ronald. *Levando os Direitos a Sério*. São Paulo: Martins Fontes, 2002, p. 39-41.

O conflito entre princípios, portanto, não exclui a vigência de um deles, mas apenas dá ensejo a um processo de ponderação de valores e metas ditados pelos princípios em questão, visando à máxima realização de ambos.[69] São, portanto, critérios materiais, não formais, que acarretarão a "não incidência" de um determinado princípio no caso concreto.

Nessa tarefa sobressai a relevância do princípio da proporcionalidade. Cabe, pois, aos julgadores, a mediação dos princípios jurídicos em ponderação, a fim de chegar a uma resolução justa dos litígios.[70]

Tratando-se de colisão entre direitos fundamentais não sujeitos à reserva de lei, a solução fica por conta da jurisprudência, que realiza a ponderação dos bens envolvidos, buscando resolvê-la através do sacrifício mínimo dos direitos em jogo.

Wilson Antônio Steinmetz, ao tratar do tema, assevera:

> A colisão de direitos fundamentais, *in concreto*, tem de ser solucionada com interpretação constitucional, princípio da proporcionalidade e fundamentação mediante argumentação jusfundamental.[71]

Respaldando idêntica exegese, José Augusto Delgado afirma a constitucionalidade da alteração do instituto da coisa julgada, mesmo que para restringir sua aplicação, criar instrumentos para seu controle ou até suprimi-la. Sob sua ótica, a ressalva contida na norma constitucional diz com a irretroatividade da lei para influenciar na solução dada ao caso concreto por decisão judicial irrecorrível.[72]

No entanto, o exato valor hermenêutico da expressão "a lei não prejudicará a coisa julgada", consignada na Constituição Federal, conduz precisamente à conclusão inversa, porquanto assegura a inviolabilidade das decisões judiciais. O significado da expressão inserta na Carta Constitucional não se resume à afirmação de que o legislador infraconstitucional não poderá editar leis (*lato sensu*) cujo conteúdo atinja as decisões do Poder Judiciário, exaradas sob a égide da lei vigorante na época das suas respectivas prolações.

---

[69] HESSE, Konrad. *Elementos de Direito Constitucional da República Federal da Alemanha*. Porto Alegre: SAFE, 1998, p. 66-67.

[70] CANOTILHO, José Joaquim Gomes. A Principialização da Jurisprudência através da Constituição. In: *Revista de Processo*, nº 98. São Paulo: RT, abr./jun., 2000, p. 83.

[71] STEINMETZ, Wilson Antônio. *Colisão de Direitos Fundamentais e Princípio da Proporcionalidade*. Porto Alegre: Livraria do Advogado, 2001, p. 216.

[72] DELGADO, José Augusto. *Op. cit.*, p. 8.

É verdade que a decisão judicial constitui a aplicação da lei existente no ordenamento jurídico ao caso concreto, objeto da demanda, ou seja, conforma a aplicação ao caso concreto da lei que o regula e que já existe no direito positivo por obra do Poder Legislativo, tratando-se, evidentemente, de um Estado Democrático de Direito. Assim, a proteção à coisa julgada, nos moldes assentados no vigente texto constitucional, impede que o Legislativo, no seu constante trabalho de editar novas leis, através destas, agrida a decisão judicial legítima, por ter sido exarada em consonância com a legislação vigente à época da elaboração da referida decisão judicial, e que por isso, tornou-se coisa julgada, resguardada contra o futuro produto do trabalho legislativo.[73]

Todavia, o legislador, ao estabelecer o alcance da coisa julgada, não pode fugir dos parâmetros constitucionais, que asseguram seu *status* de direito fundamental.

De qualquer sorte, pode-se concluir que a proteção constitucional conferida à *coisa julgada* não é equivalente à imutabilidade das decisões judiciais.

2.3.2. Coisa julgada e interesse público

Como visto, o conhecimento de ofício da coisa julgada é objeto de expressa previsão legal: trata-se de pressuposto processual negativo, a ser verificado a qualquer tempo e em qualquer grau de jurisdição (artigos 267, V, e § 3º, e 301, VI, e § 4º, ambos do CPC). De todo modo, o caráter público do instituto e os valores que lhe servem de base já justificariam tal regime. A segurança jurídica e a racionalidade (eficiência) da atuação estatal – que justificam, em princípio, a rejeição à dupla atuação sobre o mesmo objeto – são fatores de interesse público. Nesse sentido, além de garantia individual, a coisa julgada funciona como garantia institucional.[74]

O Código de Processo Civil de 1973, com o inserir o § 3º do artigo 267, inovou em relação ao sistema do Código de 1939, de forma a que os temas nele mencionados extravasam do poder dispositivo das partes, ficando incluídos entre os que se sujeitam a investigação de ofício pelo Estado.[75]

---

[73] DELGADO, José Augusto. *Op. cit.*, p. 8-9.
[74] TALAMINI, Eduardo. *Op. cit.*, p. 67.
[75] ARAGÃO, Egas Dirceu Moniz de. *Comentários ao Código de Processo Civil*, vol. II. 10ª ed. rev. e atual., Rio de Janeiro: Forense, 2005, p. 419 e 431.

Isto quer significar que aqueles temas não dependem, para seu conhecimento e julgamento, da iniciativa das partes, tanto que podem ser conhecidos de ofício, em qualquer tempo e grau de jurisdição, inclusive na via recursal, ainda que não tenha sido objeto de impugnação, discussão e julgamento na primeira instância. São questões examináveis de ofício, a cujo respeito o órgão julgador *a quo* não se manifestou.

Porém, segundo Renato de Lemos Maneschy, se houve decisão impugnável por via do agravo de instrumento, não interposto, tal conhecimento não se mostra mais possível, não obstante a regra do § 3º do artigo 267, pois verifica-se a chamada preclusão consumativa, decorrente da interpretação harmônica do sistema, consentânea com a expressão do artigo 471 do CPC.[76]

Tal harmonização só será conseguida se a aplicação do dispositivo em exame se restringir a questões que, embora apreciáveis de ofício, não foram, contudo, decididas.

Desse modo, será possível conformar a disposição do § 3º do artigo 267 com a regra peremptória do artigo 471 e com as disposições pertinentes à extensão do efeito devolutivo da apelação, que se determina pela extensão da impugnação – *tantum devolutum quantum appellatum* –, e pela profundidade dessa devolução, sempre dentro dos limites da matéria impugnada, às quais se acrescem as questões ainda não decididas, desde que suscitáveis ou apreciáveis de ofício.

Outra decorrência do interesse público de que se reveste a coisa julgada é a ausência de efeito principal da revelia no processo da ação rescisória. A ausência de defesa tempestiva não é suficiente para que se possam presumir verdadeiros os fatos que embasam o pedido de rescisão. Incide, nestes casos, a regra do artigo 320, II, do CPC.[77]

Na lição de Nelson Nery Júnior e Rosa Maria Andrade Nery:

> Mesmo que ocorra revelia (não contestação), se o direito posto em causa for indisponível (...), não ocorrem os efeitos da revelia. Neste caso, ainda que o réu não conteste, o autor tem de fazer a prova dos fatos constitutivos de seu direito (CPC, 333,I), vedado ao juiz julgar antecipadamente a lide (CPC, 320, II).[78]

---

[76] MANESCHY, Renato de Lemos. Extinção do Processo: Preclusão. In: *Revista Forense*, nº 269. Rio de Janeiro: Forense, 1980, p. 153-155.

[77] STJ. Primeira Seção. Ação Rescisória 193/SP, j. em 28.11.1999, relator o Senhor Ministro Adhemar Maciel; Segunda Seção. Ação Rescisória 132/SP, j. em 27.09.1989, relator o Senhor Ministro Waldemar Zveiter.

[78] NERY JÚNIOR, Nélson; NERY, Rosa Maria de Andrade. *Código de Processo Civil Comentado*: e Legislação Extravagante. 7ª ed. rev. e ampl., São Paulo: RT, 2003, p. 709.

No caso, a indisponibilidade do direito se expressa na própria autoridade decorrente da tutela jurisdicional. Promovida a atuação do Estado-juiz, a rescisão da sentença fica sujeita não à vontade da parte, mas à demonstração de uma das circunstâncias que permitem a desconstituição da decisão trânsita em julgado. Em tal contexto, ainda que a parte adversa não apresente defesa contra a pretensão deduzida, não se aplica a presunção de verdade contra o conteúdo declaratório que restou estabelecido na decisão precedente.

2.3.3. Segurança jurídica e jurisdição constitucional

A necessidade de contemplar, dentro do ordenamento jurídico, o instituto da coisa julgada, revela-se um consenso entre os juristas. Sua existência torna-se corolário da almejada estabilidade das relações sociais: a certeza da solução conferida a uma situação jurídica – considerada como a convicção de que o caso não tornará a alcançar nova apreciação, desde que mantida a configuração que apresentara quando submetido ao crivo do exame judicial – é o que empresta sentido ao poder de jurisdição estatal.

O contrário, a falta de um grau de certeza às decisões judiciais, teria o condão de eternizar os conflitos, jamais passíveis de solução definitiva. Nessa hipótese, é provável que o Estado não lograsse suportar o monopólio da jurisdição: é justamente a categoria de definitividade conferida à solução do conflito que legitima a substituição da vingança privada pelo exercício de jurisdição prestado pelo Estado, evitando, entre os particulares, o exercício arbitrário das próprias razões.[79]

Nesse sentido, a doutrina de Liborio Ciffo Bonaccorso:

> La nozione di cosa giudicata si identifica generalmente con quella di sentenza defibitiva, irrevocabile. (...) Tavolta il fondamento diessa ricercato nell esigenza sociale che la liti non siano stabilli e certi.[80]

Conforme explicita Pasquale Tuozzi,

> La ragione e il fondamento di questa autorita si confrondono con la ragione e il fondamento del potree giudiciário. Poichê questo é assolutamente indispensabil a mantenere i'impero della legge e la coesistemza sociale, é necessário igualmente

---

[79] GASTAL, Alexandre Fernandes. *A Coisa Julgada*: Sua Natureza e Suas Funções. In: OLIVEIRA, Carlos Alberto Alvaro de (org.). *Eficácia e coisa julgada*. Rio de Janeiro: Forense, 2006, p. 187.

[80] BONACCORSO, Liborio Ciffo. *Il Giudicato Civile*. Napoli: Jovene, 1955, p. 5.

> che la decisioni, che esse emette in definitivo, abbiano forza esecutiva, ed efficacia d'impedire. Che si ripropomga uma medesima questione giá risoluta, altrimenti um tal podere si convertirebbe in um corpo consultivo, e nom avrebbe strattamente reagione di essere. Giudicare uma controvérsia vuol dire risolveria in modo irrevocabile, vuol dire emettere uma decisione obligatória per lê parti, e tale che nesuna di esse possa piú sconosceria, risollevando la questione stessa.[81]

Havendo simetria entre segurança e justiça na perspectiva lógica da aplicação do direito, o conflito que se procura estabelecer entre ambas é de mera aparência. Não se admite que a segurança sirva de pano de fundo para impedir qualquer impugnação da coisa julgada, revestida de imutável absoluto. Torna-se necessário enfrentar as resistências engendradas pela doutrina mais conservadora, desmistificando essa ideia de superação do Estado de Direito pelo Poder Judiciário.

Como assinala José Augusto Delgado,

> O Estado, em sua dimensão ética, não protege a sentença judicial, mesmo transitada em julgado, que bate de frente com os princípios da moralidade e da legalidade, que espelhe única e exclusivamente vontade pessoal do julgador e que vá de encontro à realidade dos fatos.[82]

Transparece, nessa perspectiva, que os princípios da moralidade, justiça e equidade devem ser realçados como apanágio de uma sociedade civilizada, de modo a revelar seu degrau de superioridade em confronto com os demais que povoam o universo jurídico.[83]

Conforme assinala aquele doutrinador, o acatamento da coisa julgada, corolário da segurança jurídica, não é colocado em xeque pela probabilidade de uma pretensão de nulidade contra o julgamento violador de preceito constitucional. Primeiro, porque seu alcance sofre limitações no seu aspecto subjetivo, com a possibilidade de manuseio da rescisória, para desconstituição do julgado. Segundo, porque presentes, nesses casos, os pressupostos da relatividade inerentes à natureza das coisas. De fato, inexiste a pretensa impermeabilidade que deseja se atribuir às decisões emanadas do Poder Judiciário.

A tentativa de revestir a coisa julgada da argamassa da intangibilidade, buscando consolidar sua faceta de cunho absoluto, não resiste a uma análise mais aprofundada, enfocada no cenário da prin-

---

[81] TUOZZI, Pasquale. *L'Autoritá della Cosa Giudicata nel Civile e nel Penale*. Torino: Unione Tipográfico, 1900, p. 7.

[82] DELGADO, José Augusto. *Op. cit.*, p. 59.

[83] NASCIMENTO, Carlos Valder do. *Op. cit.*, p. 12.

cipiologia, lastreada no constitucionalismo. Diante desse panorama, toda iniciativa objetivando reverter essa situação não tem merecido o devido reconhecimento pelos refratários a qualquer esforço renovador, visando ao aperfeiçoamento da sistemática até então adotada. Apesar de tudo, a mudança há de impor-se, com a remoção dos óbices que impedem ou limitam seu avanço.

Nesse sentido, Juary Silva evidencia que o princípio da segurança conformador da coisa julgada, em determinadas circunstâncias, não deve opor-se àquela ideia:

> (...) a coisa julgada não é um valor absoluto, e no contraste entre ela e a idéia de justiça, esta é que deve prevalecer. Daí não é preciso mais que um passo no sentido de fazer subsistir a responsabilidade do Estado pelo exercício da função institucional, ainda que isso implique em certa restrição da amplitude do conceito da coisa julgada.[84]

A íntima vinculação entre coisa julgada e o princípio da segurança jurídica comporta ainda outra indagação. Trata-se de saber em que medida a própria segurança jurídica, no Estado moderno, não teria perdido seu relevo sistemático em prol de outros valores – hipótese em que a coisa julgada poderia ter tido o mesmo destino.

Aponta-se que os princípios como o da constitucionalidade, legalidade, certeza e segurança foram concebidos pelo liberalismo do século XIX como instrumentos de limitação do poder estatal em face dos particulares. Seriam, mais até do que parâmetros de controle da ação do Estado liberal, mecanismos de defesa contra o arbítrio dos governantes. Afirma-se também que uma série de fatores inerentes à atual realidade socioeconômica não apenas alteraram as feições e funções do Estado, como também "acabaram esvaziando a operacionalidade desses princípios": a crescente complexidade da sociedade de classes, a ampliação e aprofundamento das funções econômicas estatais, a expansão da estrutura burocrática estatal, o intenso desenvolvimento tecnológico etc. Esses fatores, entre outros, passaram a exigir um "processo decisório mais ágil, flexível e abrangente, incapaz de ser efetivamente controlado por modelos jurídicos rígidos e fechados". A legitimidade da ação estatal passa assim a depender mais de sua "eficácia gerencial", do sucesso na consecução de seus resultados ("efetividade"), do que da simples compatibilidade formal com parâmetros preestabelecidos. Fala-se, assim, em "eficácia normativa".[85]

---

[84] SILVA, Juary C. Responsabilidade Civil do Estado por Atos Jurisdicionais. In: *Revista de Direito Público*, nº 20. São Paulo: RT, abr./jun., 1972, p. 170.

[85] TALAMINI, Eduardo. *Op. cit.*, p. 61-62.

Nesse contexto, pergunta-se:

Até que ponto, portanto, segurança jurídica de expectativas e eficácia normativa revelam-se elementos antinômicos na *praxis* política de sistemas sociais caracterizados pela crescente complexidade socioeconômica?[86]

No processo civil, a multiplicação das tutelas de urgência constitui expressão clara de tal fenômeno. Por certo, a tutela de urgência não constitui novidade; no entanto, seu crescente emprego no processo moderno é reflexo da preocupação com resultados rápidos e eficientes, em detrimento de outros valores. Nesse âmbito (pronunciamentos urgentes), a segurança jurídica cede espaço à efetividade: não se forma a coisa julgada, seja pelo caráter normalmente provisório de tais providências, seja porque se fundam em cognição superficial.

Nas relações entre Estados, agentes econômicos, usuários e consumidores, torna-se cada vez mais relevante a definição clara de marcos regulatórios, assim como a definição de planos e metas objetivos e estáveis.[87]

Outro ângulo presta-se a realçar o valor da segurança jurídica no Estado atual. A superação do Estado liberal não implicou a depreciação da segurança jurídica no catálogo de direitos e garantias. Apenas lhe acrescentou novas dimensões. À evolução do significado e extensão dos direitos fundamentais em geral correspondeu uma nova perspectiva do princípio da segurança. Os direitos humanos deixaram de ser vistos como simples forma de limitação do poder estatal, simples "liberdades" dos cidadãos.

Agora, ao lado da segurança jurídica formal, põe-se também aquilo que se poderia denominar de segurança jurídica material. Em tal paradigma, incluem-se os direitos fundamentais à proteção, de amplíssimo espectro: desde a proteção frente aos perigos derivados de alterações ambientais (p. ex., poluição industrial, contaminação atômica etc.) até a proteção em face de condutas, criminosas ou não, lesivas à liberdade, à dignidade, à família, à propriedade (*i.e.*, o direito à segurança pública).[88]

---

[86] FARIA, José Eduardo. *Eficácia Jurídica e Violência Simbólica*: o Direito Como Instrumento de Transformação Social. São Paulo: EDUSP, 1988, p. 66-71.

[87] Vide, entre outros, MARQUES NETO, Floriano Peixoto de Azevedo. *Regulação estatal e interesses públicos*. São Paulo: Malheiros, 2002, p. 167; JUSTEN FILHO, Marçal. *O Direito das Agências Reguladoras Independentes*. São Paulo: Dialética, 2003, p. 45; SALOMÃO FILHO, Calixto. *Regulação e Desenvolvimento*. In: SALOMÃO FILHO, Calixto. (Coord.). *Regulação e Desenvolvimento*. São Paulo: Malheiros, 2002, p. 54.

[88] ALEXY, Robert. *Teoria de los Derechos Fundamentales*. Madri: Centro de Estúdios Constitucionales, 1997, p. 435 e ss.

Ao tratar, especificamente, do tema instituto da coisa julgada quanto ao rol dos direitos ambientais, Elaine Harzheim Macedo sustenta que ambos podem

> Ora se associar, ora se digladiar entre si, caracterizando o que a doutrina constitucionalista define como conflito entre princípios ou direitos fundamentais, a exigir a composição através do supra-princípio que o Supremo, à luz da doutrina alemã, tem composto via princípio da proporcionalidade.[89]

Nesse entendimento, defende que o julgador só deve contas de seu mandato ao povo brasileiro, e não ao legislador. De modo que o direito que deve ser construído para o caso concreto não é a mera reprodução da lei criada pelo legislador, através de sua pura e simples declaração. Será apenas um dos elementos levados em conta na prestação jurisdicional. O preceito legal deverá ser elaborado, reconstruído, amoldado, juntamente com outros elementos, tais como princípios, analogia, costumes, e, acima de tudo, com os fatos (sociais, econômicos, culturais etc.), valendo-se da interação cooperativa das partes e procuradores, para, em conjunto, construir um enunciado jurídico, com valor normativo que será muito próprio, novo e diferenciado, não escaneado do direito pré-posto pelo legislador, dirigido exclusivamente para aqueles litigantes, para aquele caso concreto.[90]

Todos esses aspectos, somados aos que tradicionalmente se põem, confirmam que a segurança jurídica mantém seu valor fundamental para o Estado de Direito.

Conforme leciona José Joaquim Gomes Canotilho, além de se relacionar com o princípio da proteção da confiança, as "ideias nucleares de segurança jurídica" desenvolvem-se em torno de dois aspectos essenciais. Primeiro, a "estabilidade ou eficácia *ex post* da segurança jurídica": uma vez adotadas na forma e modo regulares, as decisões estatais não podem ser arbitrariamente modificadas, sendo razoável sua alteração apenas "quando ocorram pressupostos materiais particularmente relevantes". Segundo, a "previsibilidade ou eficácia *ex ante* do princípio da segurança jurídica", que "se reconduz à exigência de certeza e calculabilidade, por parte dos cidadãos, em relação aos efeitos jurídicos dos actos normativos". E o princípio da intangIbilidade da coisa julgada, expressão que é da segurança jurídica "no

---

[89] MACEDO, Elaine Harzheim. Relativização da Coisa Julgada em Matéria Ambiental (Palestra proferida no Curso Processo Coletivo Ambiental, promovido pelo Instituto "O Direito por um Planeta Verde" – Escola Brasileira de Política e Direito Ambiental, em novembro de 2005, junto à UFRGS). In: *Revista de Direito Ambiental*, nº 42. São Paulo: RT, 2006, p. 69.

[90] *Ibidem*, p. 69-71.

âmbito dos actos jurisdicionais", constitui "subprincípio inerente ao princípio do Estado de direito na sua dimensão de princípio garantidos de certeza jurídica".[91]

Na dicção de Eduardo Talamini,

> A segurança está inserida nesse quadro coexiste com outros valores, eventualmente antagônicos, sem que seja possível estabelecer-lhe uma exata classificação hierárquica, de modo prévio e abstrato.[92]

Deve-se atribuir a cada um deles o peso ou importância correspondente, em vista das circunstâncias do caso. Isso envolve, inclusive, a consideração dos efeitos que a ofensa aos valores constitucionais gerou ou está gerando no caso concreto.

Torsten Stein, reportado por Humberto Theodoro Júnior, define a segurança jurídica como princípio constitucional não escrito, "derivado do princípio do Estado de Direito".[93]

E prossegue, afirmando que

> A segurança jurídica é vista na doutrina não só como a garantia do cidadão contra o arbítrio estatal, mas também como a previsibilidade da atuação do Estado em face do particular, exigindo, portanto, regras fixas. Sua presença, ora como valor, ora como princípio, ou assumindo outras facetas, é constante nos países democráticos do mundo inteiro. No direito alemão, por exemplo, ela é identificada com a clareza da lei – o direito vigente é compreensível para o cidadão – com a proteção à confiança na ordem jurídica – que se ocupa da "continuidade das leis, já que, em certa medida, a segurança jurídica requer que o cidadão confie na subsistência das leis" – e com a proibição de retroatividade – pois "afeta-se a confiança se ocorrerem modificações retroativas da lei, isto é, quando fatos situados no passado podem ser objeto de novas avaliações.[94]

Seguindo a influência alemã, a questão é também, aqui, posta de forma semelhante, associando-se a segurança jurídica às exigências de qualidade da lei e previsibilidade do direito. E, dentro destas duas facetas da segurança jurídica, inserem-se os princípios da clareza, acessibilidade, eficácia e efetividade da lei (associados à sua respectiva qualidade), assim como os princípios da não retroatividade, da proteção dos direitos adquiridos, da confiança legítima e da estabilidade das relações contratuais (correlatos à previsibilidade do Direito).[95]

---

[91] CANOTILHO, José Joaquim Gomes. *Op. cit.*, p. 380.

[92] TALAMINI, Eduardo. *Op. cit.*, p. 66-67.

[93] THEODORO JÚNIOR, Humberto. A Onda Reformista do Direito Positivo e Suas Implicações Com o Princípio da Segurança. In: *Revista Magister*: Direito Civil e Processual, nº 2. Brasília: Consulex, 2000, p. 27.

[94] *Ibidem*, p. 27-28.

[95] *Ibidem*, p. 25.

Como ressalta Donaldo Armelin:

> A segurança jurídica constitui um elemento fundamental para a sociedade organizada, um fator básico para a paz social, o que implica estabilidade de situações pretéritas e na previsibilidade de situações futuras. No plano da atuação jurisprudencial, a previsibilidade das decisões judiciais insere-se para o usuário da jurisdição como um fator de segurança que o autoriza a optar por um litígio ou por uma conciliação. É fundamental que quem busque a tutela jurisdicional tenha um mínimo de previsibilidade a respeito do resultado que advirá de sua postulação perante o Judiciário.[96]

A questão transcende rapidamente o campo do processo e do próprio direito, passando a constituir verdadeiro pressuposto do desenvolvimento social e econômico de qualquer nação.

Evidentemente, não se trata de patrocinar um discurso pelo imobilismo, pelo engessamento de um sistema processual antiquado. Sem dúvida, a efetividade do processo é também um valor a perseguir, e constitui ao mesmo tempo estandarte e objetivo da reforma processual. Todavia, é preciso reconhecer que a efetividade não é o único valor a perseguir, sendo fundamental atentar-se, também, para a segurança.[97]

Nesta mesma linha, Humberto Ávila professora:

> Na perspectiva da espécie normativa que a exterioriza, a segurança jurídica tem a dimensão normativa preponderante ou sentido normativo direto de princípio, na medida em que estabelece o dever de buscar um ideal de estabilidade, confiabilidade, previsibilidade e mensurabilidade na atuação do Poder Público.[98]

Além da subsistência e continuidade das leis, vimos que a estabilidade de situações pretéritas, o princípio da não retroatividade e a proteção dos direitos adquiridos compõem o feixe da segurança jurídica e, assim, devem ser ponderados com o valor *efetividade* e todo o seu abrangente significado.

---

[96] ARMELIN, Donaldo. Observância à Coisa Julgada e Enriquecimento Ilícito: Postura Ética e Jurídica dos Magistrados e Advogados. In: Cadernos do CEJ, nº 23. *Conselho de Justiça Federal*, Centro de Estudos: Brasília, 2003, p. 292.

[97] OLIVEIRA, Carlos Alberto Alvaro de. *O processo civil na perspectiva dos direitos fundamentais.* In: OLIVEIRA, Carlos Alberto Alvaro de (Org.). *Processo e Constituição.* Rio de Janeiro: Forense, 2004, p. 15. Reconhecendo também o conflito entre efetividade e segurança, porém classificando-os como postulados, afirma José Rogério Cruz e Tucci: "Não se pode olvidar, nesse particular, a existência de dois postulados que, em princípio, são opostos: o da segurança jurídica, exigindo um lapso temporal razoável para a tramitação do processo, e o da efetividade do mesmo, reclamando que o momento da decisão final não se procrastine mais do que o necessário." (TUCCI, José Rogério Cruz e. Garantia da prestação jurisdicional sem dilações indevidas como corolário do devido processo legal. In: *Revista de Processo*, nº 17. São Paulo: RT, 1992, p. 73).

[98] ÁVILA, Humberto. *Sistema Constitucional Tributário*. São Paulo: Saraiva, 2004, p. 295.

3. Relativização da autoridade da coisa julgada

Prevalece, na doutrina, entendimento no sentido de que a decisão judicial não pode se cristalizar quando injusta ou inconstitucional. Através de critérios e meios atípicos, a decisão poderá ser revista ou revisada, e, nesses casos, não produziria coisa julgada material.

O exame da possibilidade e do entendimento doutrinário acerca da chamada "relativização" da coisa julgada não dispensa, primeiramente, uma análise da distinção entre as categorias de defeitos da sentença, cuja identificação enseja diferentes vias para a sua adequação.

3.1. SENTENÇAS INEXISTENTES, NULAS E INJUSTAS

3.1.1. Sentenças inexistentes

A sentença no direito canônico não era tão estável quanto a laica; os meios próprios para impugná-la eram mais abrangentes do que os previstos nos ordenamentos jurídicos civis, especialmente no que concerne às hipóteses de cabimento e aos prazos.[99] A *querela nullitatis* comportava duas modalidades: a *querela nullitatis sanabilis*, adequada à impugnação dos vícios sanáveis, tal quais os recursos; e a *querela nullitatis insanabilis*, a ser proposta para impugnar os vícios mais graves.

A primeira fundiu-se com o recurso em vários ordenamentos europeus, transformando-se os fundamentos de nulidades menos graves em motivos de apelação. A *insanabilis*, por sua vez, podia ser

---
[99] MACEDO, Alexandre dos Santos. *Da Querela Nullitatis*: sua subsistência no Direito brasileiro. 2ª ed. Rio de Janeiro: *Lumen Juris*, 2000, p. 74.

alegada como remédio extremo contra os vícios mais graves, considerados insanáveis, motivo pelo qual sobreviviam ao decurso dos prazos e à formação da coisa julgada.[100]

A expressão *querela nullitatis* não traz distinção entre nulidade absoluta e inexistência, as quais só passaram a ser diferenciadas recentemente, motivo pelo qual se verifica a presença de grande confusão na distinção entre as mesmas.

Essa dificuldade de distinção é causada, em parte, pela etimologia da expressão, que induz ao entendimento equivocado de se tratar de remédio aplicável ao ataque de sentenças nulas (nulidade). Ocorre que a distinção entre nulidade e inexistência é fato recente para o direito e, em virtude dessa atual diferenciação, conclui-se que a *querela nullitatis* se revela adequada para atacar, na verdade, sentenças inexistentes.[101]

A evolução processual histórica do sentido de sentença "nula" – de inexistente para inválida – não impediu que se reconhecesse a ocorrência de situações em que, propriamente, a sentença juridicamente não existe.[102]

Com efeito, a sentença juridicamente inexistente, na condição de "não ato", não comporta saneamento ou convalidação. Não se revela apta à formação da coisa julgada e, portanto, não fica acobertada por tal autoridade, podendo ser combatida independentemente da ação rescisória.[103]

Segundo formulação tradicional, quando o que se tem é apenas a "vazia aparência" do ato, sem que sequer estejam de fato presentes os elementos nucleares para a sua configuração, está-se diante da inexistência jurídica.[104]

---

[100] NASCIMENTO, Carlos Valder do. *Op. cit.*, p. 21.

[101] WAMBIER, Teresa Arruda Alvim; MEDINA, José Miguel Garcia. *O Dogma da Coisa Julgada*: Hipótese de Relativização. São Paulo: RT, 2003, p. 213.

[102] Vide, por todos, CALAMANDREI, Piero. *Sopravvivenza Della Querela di Nullità Nel Processo Civile Vigente*: Studi Sul Processo Civile, vol. 6. Pádua: Cedam, 1957, p. 72-73.

[103] Conforme por exemplo, na doutrina estrangeira, entre outros: CHIOVENDA, Giuseppe. *Principi di diritto processuale*. 3ª ed. (reimpr.), Nápoles: Jovene, 1965, p. 899-900; DENTI, Vittorio. Inesistenza degli atti processuali civili. In: *Novíssimo digesto italiano*, vol. 8. 3ª ed. Turim: Utet, 1957, p. 636; BESSO, Chiara. *La sentenza civile inesistente*. Turim: G. Giappichelli, 1997, p. 24. No Brasil: BARBOSA MOREIRA, José Carlos. *Comentários ao Código de Processo Civil*, vol. 5. 11ª ed. Rio de Janeiro: Forense, 2003, p. 107-108; WAMBIER, Teresa Arruda Alvim. *Nulidades da sentença e do processo*. 4ª ed. São Paulo: RT, 1997, p. 232-260.

[104] Por todos, BETTI, Emílio. *Teoria generale del negozio giuridico*. 2ª ed. Nápoles: Scientifiche Italiane, 1994, p. 461.

O conceito de "inexistência jurídica" não é isento de críticas. Funda-se na suposta artificialidade da diferenciação, na impossibilidade de fixar os exatos limites entre as duas categorias – inexistentes e nulas – e contradição do conceito em si mesmo.

Pondera-se que o adjetivo "inexistente" não se presta a qualificar uma espécie de fato, ato ou de qualquer outro objeto. A oposição de tal adjetivo ao substantivo implica a própria negação do substantivo. Falar em "ato inexistente" significaria (ou teria tão pouco significado quanto) falar em "ato não ato".

A inconsistência não residiria apenas na formulação semântica, mas na própria substância do conceito. No âmbito jurídico, ou o fato concreto guardaria correspondência com a descrição normativa (suposto normativo, hipótese de incidência) e seria então válido e juridicamente existente, ou, faltando tal correspondência, não incidiria a norma, o fato concreto não teria então relevância para o direito, não valeria nem existiria juridicamente. Ou seja, a invalidade (nulidade) já corresponderia à própria inexistência jurídica, não sendo possível cogitar de uma terceira categoria. Nessa linha, Francesco Carnelutti ponderava que afirmar "negócio juridicamente inexistente" e "negócio inválido" como categorias distintas, equivaleria a distinguir "delito inexistente" de "delito nulo", o que é impossível.[105]

Note-se que a orientação externada em críticas como essa volta-se não tanto contra a ideia de "inexistência jurídica", mas contra a ideia de que a "nulidade absoluta" possa ser algo distinto da "inexistência". Por exemplo, aquele doutrinador reputa que toda a construção doutrinária sobre a "inexistência jurídica" poderia servir apenas para que eventualmente se concluísse ser esse termo – "inexistência jurídica" – mais adequado do que "nulidade" para designar o fenômeno da falta de correspondência ao suposto normativo.[106]

Em outros termos, a crítica à noção de "inexistência jurídica" como algo distinto da "nulidade" volta-se contra a ideia de que um ato que não esteja em consonância com o suposto normativo (um ato inválido) possa ser tido como juridicamente relevante.

Seja como for, do ponto de vista histórico, nota-se a progressiva afirmação da inexistência jurídica como categoria autônoma e inconfundível com a nulidade.

---

[105] CARNELUTTI, Francesco. Inesistenza dell'atto giurídico? In: *Rivista di Diritto Processuale*, nº 10. Pádua: Cedam, 1955, p. 209. Em escritos anteriores CARNELUTTI admitira a categoria dos "atos inexistentes" (vide *Lezione di Diritto Processuale Civile*, vol. 4. Edição de 1926 fac-similada. Pádua: Cedam, 1986, p. 461-467).

[106] CARNELUTTI, Francesco. *Inesistenza (...), loc. cit.*

Em um primeiro momento, cogitava-se apenas da existência (e validade) do ato ou sua inexistência. Daí o sentido original de *nullitatis* (inexistência). Aliás, e inclusive pela ausência de uma clara distinção entre direito material e processo, essa concepção obviamente se aplicava não apenas à sentença processual, como também aos demais atos jurídicos.

Um segundo momento, identificado por Calamandrei, está retratado na evolução de quase dois mil anos pela qual os motivos de nulidade (até então ainda não dissociada de sua concepção original) da sentença vieram a ser incorporados aos motivos de impugnação da sentença. A *nullitatis*, que podia ser reconhecida a qualquer tempo, foi transformada em fundamento para a invalidação, a ser promovida pelos meios típicos de ataque à sentença (no direito italiano, *impugnazione* ordinária ou extraordinária; no direito brasileiro, recursos e ação rescisória), no prazo de tais remédios, sob pena de ficar "sanada".[107]

Mas é também identificável um terceiro aspecto dessa evolução histórica, caracterizado pela preocupação externada em formulações doutrinárias e jurisprudenciais, em diversas nações, no sentido de afirmar a subsistência de determinadas hipóteses de defeitos que não são acobertados pela coisa julgada, cujo combate, por isso, independe do emprego da via rescisória típica. Essa tendência não se confunde com outra, bem mais recente, de preconizar, em nome de outros valores, a quebra da coisa julgada em casos cuja sua ocorrência não se nega. A transformação dos fundamentos de "nulidade" em fundamentos de desconstituição fez-se acompanhar da ressalva de que certos casos não teriam como ser abrangidos pelo princípio então afirmado, em vista de suas peculiaridades lógicas e axiológicas.

Essas vicissitudes históricas já se prestam a apontar a utilidade pragmática da categoria da inexistência e a impossibilidade de se enfrentar o tema sob perspectiva estritamente teórica e abstrata. Como nota Filanti, a própria configuração da nulidade está sujeita a variações jurídico-positivas. Segundo o autor, isso vicia o argumento dos críticos da categoria da inexistência, no ponto em que pretendem delinear uma noção de nulidade com valor absoluto, que já corresponderia a todas as hipóteses de imperfeição do ato em face do suposto normativo e impediria que se pudesse cogitar de uma ulterior categoria atinente à inexistência jurídica.[108]

---

[107] CALAMANDREI, Piero. *Op. cit.*, p. 79-80.

[108] *Apud* CARNELUTTI, Francesco. *Inesistenza* (...), p. 32.

O certo é que as discussões em torno dos conceitos de nulidades e inexistência do ato processual adquirem grande importância quando se referem à sentença, surgindo, então, a oposição entre sentença nula e sentença inexistente.

A sentença inexistente é exclusivamente um ato jurídico produzido no processo e sujeita aos princípios e normas de direito processual. Várias definições lhe têm sido atribuídas, embora poucas consigam apanhar a compreensão do fenômeno em sua completude.

Pela importância que apresenta, como ato final do procedimento, é que a sentença deve ser examinada, nos seus aspectos ontológicos, quando for arguida a sua inexistência. Não apenas porque o conteúdo da sentença inexistente não tenha nenhuma repercussão no mundo jurídico, mas, e principalmente, por não produzir coisa julgada.

Cândido Rangel Dinamarco assim se manifesta a respeito:

> A sentença é juridicamente inexistente quando incapaz, por si própria, de produzir os efeitos programados. Ela existe como fato, não é um nada histórico mas, porque não produz efeitos, perante o direito reputa-se inexistente. E, porque não os produz não é suscetível de ficar imunizada pela coisa julgada material sabido que essa autoridade incide sobre os efeitos substanciados da sentença, que a sentença juridicamente inexistente não tem.[109]

O mesmo processualista elenca, como exemplos dessa categoria, a sentença não assinada pelo magistrado (por não ser "portadora do atestado de vontade do Estado-juiz"), e a desprovida de dispositivo (ou seja, destituída do "preceito portador da tutela jurisdicional).[110]

Roque Komatsu comunga da mesma opinião, entendendo que a sentença inexistente não é suscetível de ficar imunizada pela coisa julgada, não obstante o valor da apreciação realizada pelo julgador:

> As sentenças inexistentes não precisam ser rescindidas, porque qualquer juiz pode reconhecer o vício. O ato inexistente não se convalida pela coisa julgada, sobrevivendo à formação do julgado. O vício da inexistência jamais convalesce. Ele revela uma impotência material para produzir conseqüências jurídicas. As *fattispecies* inexistentes não são, segundo a doutrina italiana, passíveis de sanatória. As imperfeições, que causam a inexistência do ato não consentem a produção de efeitos, nem de forma precária.[111]

---

[109] DINAMARCO, Cândido Rangel. *Instituições de Direito Processual Civil*, vol. III. São Paulo: Malheiros, 2001, p. 680.

[110] *Ibidem, loc. cit.*

[111] KOMATSU, Roque. *Da Invalidade no Processo Civil*. São Paulo: RT, 1991, p. 164-165.

Como a finalidade do processo é a outorga da certeza jurídica, mediante a prestação jurisdicional que soluciona o litígio entre as partes, é imprescindível que se fixe, de forma clara, o conceito de *res judicata* em face da sentença nula e da sentença inexistente.

A sentença nula, para ter os seus efeitos invalidados, deve ser objeto da ação rescisória. Já a sentença inexistente não pode ser considerada um ato processual nulo, mas um ato processual não ocorrido. Sua ineficácia não depende, em tese, nem mesmo de outro pronunciamento judicial. É que os órgãos julgadores, monocráticos ou colegiados, ao se deparar com atos inexistentes, devem somente declará-los inexistentes, uma vez que não são alcançados nem pela confirmação, nem pela prescrição.

Humberto Theodoro Júnior registra:

> O processo é relação jurídica e os múltiplos atos que o compõem são atos jurídicos. Tanto o processo (visto como um todo) como os atos que propiciam sua formação e desenvolvimento rumo à prestação jurisdicional têm de se aperfeiçoar em condições aptas a gerar a esperada eficácia jurídica. Falhando os requisitos de validade, o ato não penetra no mundo jurídico, ou penetra defeituosamente, podendo ser atacado e desconstituído por quem deva suportar suas conseqüências. É importante em matéria de nulidade no direito processual, distinguir as nulidades dos simples atos processuais das nulidades do processo como relação jurídica, porquanto as primeiras regras são superadas pela superveniência da *res judicata*, enquanto as últimas impedem justamente a formação da coisa julgada. A sentença anulável, após a *res judicata*, pode ser atacada pela ação rescisória, prevista no art. 485 do CPC. A sentença nula *ipso iure* ou inexistente não é objeto da ação rescisória, justamente porque a ação do art. 485 pressupõe a coisa julgada, que, por seu turno reclama o pressuposto de um processo válido.[112]

Há autores, como Liebman, que nivelam a inexistência com a nulidade *ipso iure*. Enquanto outros, como Pontes de Miranda, procuram distinguir os dois defeitos ou vícios. De qualquer sorte, do ponto de vista prático, os efeitos se equivalem, impedindo a formação da *res judicata*.[113]

Fernando da Fonseca Giardoni atualiza boa parte das questões e dúvidas, por meio de questionamentos muito oportunos:

> Como se a doutrina dos atos processuais inexistentes já não fosse complexa, digna de atenção dos doutos, a questão torna-se ainda mais trabalhosa quando o ato processual que se tem por inexistente é a sentença, ou seja, o ato pelo qual o juiz põe

---

[112] THEODORO JÚNIOR, Humberto. As nulidades do Código de processo Civil. In: *Revista de Processo*, nº 30. São Paulo: RT 1981, p. 53.

[113] TREVISAN, Osvaldo. Sentença Inexistente. In: *Revista dos Tribunais*, nº 823. São Paulo: RT, 2004, p. 740.

> termo à relação jurídica processual (art. 162, § 1º, do CPC), solucionando o conflito de interesses deduzido em juízo (*res deducta*). Qual seria a via adequada para a impugnação das sentenças inexistentes? Elas gerariam efeitos até que expurgadas do universo jurídico? Será que o regime da ação rescisória contemplaria tais hipóteses? E o prazo decadencial dessa via impugnativa? Seria lícito adotar, para a rescisão ou declaração de inexistência dessas sentenças, que, na verdade, nada mais são do que verdadeiros simulacros de sentença, o concebido para a ação rescisória? Existe no ordenamento jurídico brasileiro uma ação que tenha por objeto exatamente o tema em discussão?[114]

As indagações formuladas traduzem, concretamente, a maioria das preocupações com que se deparam os estudiosos da matéria. A mais importante, talvez, é a que diz respeito à possibilidade de poderem, as sentenças inexistentes, ser objeto de apreciação judicial, através de ação rescisória ou ação declaratória, indiferentemente.

Teresa Arruda Alvim Wambier entende que não se pode adotar, indiferentemente, a ação rescisória ou a declaratória de inexistência de sentença.

> (...) as sentenças inexistentes podem ser objeto de ação declaratória e não se pode, em nosso sentir, atacá-las por meio de ação rescisória, pois esta tem caráter desconstitutivo, e o que se desconstitui é a coisa julgada, que, nestes casos não se terá formado. Não é, pois, irrelevante a escolha do meio para se vulnerar uma sentença nula e uma sentença inexistente. São fenômenos diferentes, ligados a institutos diferentes, e esta circunstância determina que haja dois caminhos para se resolver cada um dos dois problemas.[115]

Diante da complexidade do tema e das posições acerca do mesmo, parece acertado inferir que somente o julgador, examinando o caso concreto, poderá estabelecer, no exercício do livre convencimento que a lei lhe outorga, se se trata de sentença nula, sujeita à ação rescisória, ou de sentença inexistente, irrescindível porquanto não transita em julgado, devendo ser desconstituída por meio de ação declaratória.

Efetivamente, o confronto é inevitável, na medida em que elas não podem coexistir. A adoção de uma elimina a outra. Ambas, porém, são providências judiciais que, manejadas adequadamente e em situações pertinentes, poderão possibilitar que se atinjam os ideais de justiça, segurança, legalidade e moralidade, objetivos primordiais do nosso texto constitucional.

---

[114] GIARDONI, Fernando da Fonseca. Sentenças Inexistentes e Querella Nullitatis. In: *Cadernos Jurídicos da Escola Paulista de Magistratura*, nº 3. São Paulo, 2002, p. 107-121.

[115] WAMBIER, Teresa Arruda Alvim. *Nulidades da Sentença*. 2ª ed. São Paulo: RT, 1999, p. 199.

A coerência e a clareza das opiniões transcritas não têm evitado, porém, ao longo da evolução do direito processual brasileiro, a manutenção de posicionamentos radicalmente contrários ao conceito de "sentença inexistente". A impossibilidade de ignorar a presença do vício frequentemente motiva alguns juristas a equiparar a inexistência à nulidade, fazendo-os optar pela equivalência entre ação rescisória e a ação declaratória de inexistência de sentença. Tal equiparação, no entanto, revela-se impossível, porque não se podem igualar a natureza e o alcance dos vícios que as emprestam.

José Carlos Barbosa Moreira observa:

> Sentença rescindível não se confunde com sentença nula nem, *a fortiori*, com sentença inexistente. (...) Os vícios da sentença podem gerar conseqüências diversas, em gradação que depende da respectiva gravidade. A sentença desprovida de elemento essencial, como o dispositivo, ou proferida em processo a que falte pressuposto de inexistência, como seria o instaurado perante órgão não investido de jurisdição, é sentença inexistente, e será declarada tal por qualquer juiz, sempre que alguém a invoque, sem necessidade (e até se possibilidade) de providência tendente a desconstituí-la. Não se desconstitui o que não existe.[116]

Há que se proceder uma separação definida e definitiva entre as duas posições que se têm revelado inconciliáveis: de um lado, os que controvertem a existência da sentença inexistente argumentam solidamente que as hipóteses clausuradas do artigo 485 do CPC abrigam todos os casos e situações passíveis de anulação de sentença; do outro, alinham-se os que defendem a tese de que as sentenças inexistentes, justamente por não terem nunca existido, não podem ser desconstituídas por ação rescisória.

A realidade apresenta situações diferentes que merecem tratamento técnico doutrinário e prático diferente. As sentenças portadoras de quaisquer vícios enumerados no artigo 485 do CPC, embora nulas ou anuláveis, revestem-se da autoridade da coisa julgada. E só podem ser desconstituídas mediante ação rescisória. Mesmo porque a coisa julgada é pressuposto da rescisão, de que ela é veículo. A sentença inexistente, por seu turno, não pode ser desconstituída. Apenas se declara, por procedimento adequado, a sua inexistência.

3.1.2. Sentenças nulas

A distinção entre invalidade e inexistência assume especial importância no direito processual. As sentenças de mérito inválidas,

---

[116] BARBOSA MOREIRA, José Carlos. *Comentários* (...), p. 101.

como são aptas a revestir-se da coisa julgada, devem ser impugnadas pelos meios adequados: recursos e ação rescisória. Exaurida a possibilidade de emprego de tais meios – seja porque não utilizados oportunamente, seja porque usados sem sucesso – o defeito da sentença torna-se irrelevante. O grau de eficácia do pronunciamento, desse ponto em diante, identifica-se ao da sentença válida. Em tal contexto, só poderá cogitar do desfazimento da sentença caso se conceba algum modo diverso de relativização da coisa julgada.[117]

O tema é objeto de controvérsias doutrinárias. Galeno Lacerda, seguido por Egas Moniz de Aragão, alude a: (a) "nulidades absolutas" (violadoras de normas cogentes que tutelam o direito público; insanáveis e conhecíveis de ofício); (b) "nulidades relativas" (violadoras de normas cogentes que tutelam o interesse da parte; conhecíveis de ofício, mas sanáveis); e (c) "anulabilidades" (violadoras de normas disponíveis que tutelam interesse da parte; sanáveis dependentes de arguição pelo interessado).[118]

Teresa Arruda Alvim Wambier, por seu turno, distingue apenas as "nulidades absolutas" (nulidades de forma previstas na lei como tais e as "nulidades de fundo", *i. e.*, atinentes a pressupostos processuais, condições da ação etc., conhecíveis de ofício) das "relativas" ou "anulabilidades" (demais nulidades de forma, arguíveis apenas pelas partes e acobertáveis pela preclusão).[119]

Antônio Carlos de Araújo Cintra, Cândido Rangel Dinamarco e Ada Pellegrini Grinover, por sua vez, aderem substancialmente à lição de Enrico Tullio Liebman, segundo a qual as "nulidades relativas" derivam da inobservância de requisitos postos no interesse de uma parte, e as "nulidades absolutas" decorrem do descumprimento de requisito indispensável ao adequado funcionamento da jurisdição. As primeiras só podem ser declaradas a pedido da parte interessada e são essencialmente sanáveis. As segundas devem ser declaradas de ofício e são "normalmente" insanáveis.[120]

---

[117] TALAMINI, Eduardo. *Op. cit.*, p. 293.

[118] LACERDA, Galeno. *Despacho saneador*. 3ª ed. Porto Alegre: SAFe, 1990, p. 68 e ss.; ARAGÃO, Egas Moniz de. *Op. cit.*, p. 357 e ss.

[119] WAMBIER, Teresa Arruda Alvim. *Nulidades da Sentença e (...)*, p. 165.

[120] Conforme Cintra, Dinamarco e Grinover, "A distinção entre essa concepção e a de Galeno Lacerda reside em que a 'nulidade absoluta' na acepção de Liebman engloba a 'absoluta' e a 'relativa' de Lacerda, e a 'relativa' de Liebman corresponde à 'anulabilidade' de Lacerda. Eis por que a 'nulidade absoluta' de Liebman ora é sanável, ora é insanável" (CINTRA, Antônio Carlos de Araújo; DINAMARCO, Cândido Rangel; GRINOVER, Ada Pellegrini. *Teoria Geral do Processo*. 14ª ed. São Paulo: Malheiros, 1998, p. 212).

Já José Joaquim Calmon de Passos prefere apenas diferenciar "nulidade insanável" de "nulidade sanável", no sentido de que a primeira é a que pode ter seus efeitos eliminados pela repetição do ato nulo e a segunda é a que ocorre quando o ato não pode ser repetido, implicando extinção do processo. Para o mestre, só cabe falar em nulidade depois de decretado o defeito – decretação essa que sempre pode ser feita de ofício e apenas quando o defeito prejudicar a finalidade do ato, porquanto toda e qualquer imperfeição que não resulte em prejuízo aos fins preordenados do ato consiste em simples irregularidade.[121]

Pontes de Miranda identifica três hipóteses em que a sentença é nula de pleno direito: impossibilidade cognoscitiva, lógica ou jurídica. Exemplifica sua tese com a sentença ininteligível, a que pusesse alguém em regime de escravidão, a que instituísse concretamente um direito real incompatível com a ordem jurídica nacional etc. Para tais casos, indica os remédios processuais diferentes entre si e concorrentes, à critério do interessado e segundo as conveniências de cada caso, tais como (a) nova demanda em juízo sobre o mesmo objeto, com pedido de solução de acordo com a ordem jurídica, sem os óbices da coisa julgada, (b) resistência à execução, inclusive, mas não exclusivamente por meio de embargos e (c) alegação incidenter tantum em algum outro processo.[122]

Parte da doutrina processual cuida de distinguir a validade dos específicos atos do processo da admissibilidade do processo, entendida essa como a adequação "do processo, como um todo, para autorizar a tutela jurídica pretendida pelos sujeitos partes da relação processual" (pressupostos processuais de validade e condições da ação).[123]

Parece, no entanto, que a distinção não tem relevância retrospectivamente, *i. e.*, no momento de qualificar o ato que indevidamente propiciou tutela jurisdicional quando faltava algum requisito de admissibilidade: tratar-se-á, em tais, casos, de invalidade. A execução levada a cabo, embora faltante título executivo líquido, certo

---

[121] CALMON DE PASSOS, José Joaquim. *Comentários ao Código de Processo Civil*, vol. III. 6ª ed. Rio de Janeiro: Forense, 1989, p. 473-480; CALMON DE PASSOS, José Joaquim. *Esboço de uma Teoria das Nulidades Aplicada às Nulidades Processuais*. Rio de Janeiro: Forense, 2002, p. 137-146.

[122] PONTES DE MIRANDA, Francisco Cavalcanti. *Tratado da Ação Rescisória das Sentenças e de Outras Decisões*, p. 195. *Apud* DINAMARCO, Cândido Rangel. Relativizar a coisa julgada material. In: *Nova Era do Processo Civil*. 2ª ed. São Paulo: Malheiros, 2007, p. 228-229.

[123] CALMON DE PASSOS, José Joaquim. *Esboço (...)*, p. 37-38, 115 e ss. Vide, também, BARBOSA MOREIRA, José Carlos. *Comentários (...)*, p. 260-261.

e exigível, revela-se inválida.[124] Do mesmo modo, a sentença que indevidamente julga o mérito a despeito de ausente um pressuposto processual de validade é sentença nula.

A nulidade da sentença pode derivar de defeitos em atos anteriores que sobre elas repercutam (CPC, artigo 248) ou de vícios que lhe sejam intrínsecos. Nessa segunda hipótese, o vício pode consistir na inobservância dos requisitos (de tempo, lugar, forma etc.) da sentença ou na própria contrariedade, no conteúdo da sentença, a regras processuais.[125]

No âmbito das sentenças, é possível cogitar ainda de mais uma hipótese de imperfeição, relacionada com a função dessa espécie de ato. É que a sentença não constitui apenas uma dicção prescritiva que, para ser válida, deve guardar consonância com o modelo descrito abstratamente na norma jurídica. Além disso, a própria sentença (como qualquer ato decisório) contém um juízo acerca da subsunção de outros fatos a normas. A dicção prescritiva, ou seja, o comando veiculado na sentença, funda-se em tal juízo. Daí que a sentença, em concreto, pode guardar consonância com os elementos e requisitos previstos na lei para a configuração de uma sentença válida e, no entanto, conter um juízo incorreto (seja por reputar havidos fatos inexistentes, ou vice-versa; seja por aplicar erroneamente normas aos fatos apurados). Vale dizer: a sentença pode ser perfeita como ato processual, mas incorreta ou injusta no julgamento que veicula. Na expressão tradicional, pode não haver *error in procedendo*, e sim *error in judicando*. Nessa hipótese, especialmente quando o erro de julgamento concerne ao mérito (o objeto do processo), fala-se em sentença injusta, como algo distinto de sentença nula.

Há quem se proponha a investigar se se trata mesmo, de duas categorias distintas ou se a sentença injusta recai no âmbito das sentenças inválidas.[126] A separação das duas hipóteses até se reveste de alguma relevância prática – razão por que não se pode qualificar o problema como "meramente terminológico".[127] Por exemplo, em nosso ordenamento é diferente, em um caso e outro, o regime jurídico relativo a *judicium rescindens* e *judicium rescissorium*. Também é

---

[124] Depois de criticar a redação do artigo 618, I, e III, por ali constar execução "nula" em vez de "inadmissível", o processualista afirma que a letra da lei só é correta em um enfoque retrospectivo, pois é nulo o processo executivo levado a termo sem a observância dos requisitos previstos naqueles dois incisos (CALMON DE PASSOS, José Joaquim. *Esboço [...]*, p. 159).

[125] TALAMINI, Eduardo. *Op. cit.*, p. 296.

[126] Vide, por exemplo, as referências doutrinárias feitas por BESSO, Chiara. *La sentenza (...)*, p. 19.

[127] *Ibidem, loc. cit.*

diverso nas duas hipóteses o tratamento atinente ao efeito devolutivo dos recursos (distinção essa – é bem verdade – atenuada pelo § 3º que a Lei nº 10.352/2001 acrescentou ao artigo 515 do CPC). A distinção é ainda relevante para determinados modelos de impugnação de pronunciamentos, que permitem apenas o controle de aspectos atinentes à validade processual (nulidade) e não à justiça da solução do mérito (por exemplo, o controle judicial da arbitragem – Lei nº 9.307/96, artigo 32).

Conforme os parâmetros tradicionais, as sentenças de mérito injustas, tais como as nulas, tornam-se inatacáveis depois de decorrido o prazo para ação rescisória. De há muito ficou superada a diretriz, vigente no direito romano e no antigo direito português, de que a sentença injusta por ofensa a "direito expresso" seria "nenhuma".[128] Sob esse aspecto, juntamente com as nulas, as sentenças injustas contrapõem-se às inexistentes.

Cabe ainda tomar em conta a relação entre sentenças nulas, injustas e "rescindíveis". Em primeiro lugar, considere-se não se tratar de três categorias em um mesmo nível classificatório. Ao se aludir à nulidade e injustiça, toma-se em conta o tipo de defeito que acomete a sentença. Já a rescindibilidade concerne à existência de instrumento apto ao desfazimento da sentença. Resta claro, que nem sempre a nulidade ou injustiça da sentença de mérito transitada em julgado dará ensejo à sua respectiva rescindibilidade.

Algumas hipóteses de nulidade da sentença estão expressamente arroladas como fundamento da ação rescisória – e permitem até mesmo instrução probatória para a sua demonstração. É o caso da prevaricação, concussão, corrupção ou impedimento do juiz (artigos 485, I e II); e da ofensa à coisa julgada (artigo 485, IV). No entanto, e com a devida vênia, não é certo que qualquer outra hipótese de "nulidade absoluta" ensejará a rescisão da sentença com amparo no artigo 485, V ("violação a literal disposição de lei").[129] Não há dúvidas que toda nulidade pressupõe a violação de uma norma (regra ou princípio).[130] Porém, a rescisão fundada nesse dispositivo só será viável quando o defeito puder ser constatado de plano, independentemente de produção probatória.

Em suma, não são apenas os defeitos que já se sanaram ou se tornaram irrelevantes no próprio curso do processo (i. e., "anulabi-

---

[128] TALAMINI, Eduardo. Op. cit., p. 297.

[129] No sentido oposto, WAMBIER, Tereza Arruda Alvim. Nulidades da sentença e (...), p. 166.

[130] TALAMINI, Eduardo. Op. cit., p. 298.

lidades" e [ou] "nulidades relativas", conforme a terminologia adotada) que não poderão ser arguidos em ação rescisória. Mesmo as invalidades que eram insanáveis e cognoscíveis de ofício a todo tempo no curso do processo ("nulidades absolutas") poderão eventualmente ficar excluídas da via rescisória típica.

3.1.3. Sentenças injustas

A mesma ordem de considerações antes deduzidas também é aplicável aos casos de sentença injusta. Tal constatação evidencia que a discussão sobre "relativização" da coisa julgada – no sentido de quebra da coisa julgada por meios atípicos – não é relevante apenas para situações em que já decorreu o prazo da ação rescisória; é importante também para casos em que, apesar de ainda em curso o prazo, o defeito da sentença, conquanto grave, não se enquadra nas hipóteses de rescisória.

Como cediço, o Direito, além da pacificação social, persegue em igual medida, a justiça. Seu primeiro compromisso, como processo social de adaptação, é com a promoção da coexistência pacífica entre os homens. Em busca desse desiderato, edita suas regras e comandos. Tratando-se, porém, de processo ético, o Direito procura servir-se, nesta busca da pacificação, de normas justas, ou, ao menos, de normas que assegurem a prevalência da justiça.

O avanço das relações econômicas, a intensa litigiosidade do cidadão com o Estado e com o seu semelhante, o crescimento da corrupção, a instabilidade das instituições e a necessidade de se fazer cumprir o império de um Estado de Direito centrado no cumprimento da Constituição (e das leis com ela compatíveis), que o rege, a necessidade de um atuar ético por todas as instituições políticas, jurídicas, financeiras e sociais, tudo isso submetido ao controle do Poder Judiciário, quando convocado para solucionar conflitos daí decorrentes, são fatores que têm feito surgir uma grande preocupação, na atualidade, com o fenômeno produzido por sentenças injustas.

José Augusto Delgado conceitua as sentenças injustas como sendo:

> As decisões que violam o círculo da moralidade e os limites da legalidade, que afrontam princípios da Carta Magna e que teimam em desconhecer o estado natural das coisas e das relações entre os homens.[131]

---
[131] DELGADO, José Augusto. *Op. cit.*, p. 51 e ss.

A sublimação dada pela doutrina à coisa julgada, em face daqueles fenômenos instáveis, não pode espelhar a força absoluta que lhe tem sido dada, sob o único argumento que há de se fazer valer o império da segurança jurídica.

A Constituição de 1988, na esteira da evolução dos Direitos Humanos, rompeu com vários privilégios já tradicionais, e a cada momento as pessoas se comparam com as demais para aferir eventuais discriminações. Nessas circunstâncias, o sistema jurídico não pode deixar sem remédio adequado, casos de julgamentos díspares que revoltam os protagonistas, deixam perplexa a sociedade e desorganizam o meio social.

Efetivamente, o princípio da legalidade não pode ser sacrificado em homenagem à coisa julgada, tampouco ao princípio da igualdade. Na colisão entre uns e o outro, a imutabilidade tem de ceder passagem àqueles princípios basilares do constitucionalismo nacional.

Neste sentido, leciona Pontes de Miranda:

> A sentença, aplicando a lei, tem força criativa própria, o que permite o ter havido incidência sem haver aplicação, não ter havido incidência e haver aplicação e o coincidirem aplicação e incidência. Esse último é o fim do processo; não é a essência da decisão no processo. Há sentenças que erram in *interpretando* e in *applicando*. Se a coincidência entre aplicação e incidência fosse necessária, toda sentença seria justa. Só haveria sentenças justas. Toda aplicação seria perfeita: poder-se-ia mesmo definir como segundo momento da incidência. O cair da regra legal sobre os fatos conteria, já todos os elementos para a aplicação impecável. A função falível de aplicar não permite que esta aplicação mecânica, de precisão invariável, se dê sempre. Só é infalível a incidência da lei.[132]

Expressando profunda preocupação com sentenças injustas, Gustav Boehmer abre espaço para dizer:

> Por supuesto que no se debe desconocer que la no aplicación de una ley que todavía subsista formalmente pude quebrantar igualmente la seguridad jurídica y defraudar la confianza de los miembros de la comunidad en la "santidad" de los mandamentos jurídicos del Estado y la obligación que legalmente incumbe al juez. Pero es preferible, por un lado, tolerar la denegación de un derecho que se ha pedido y con cuyo reconocimiento se contaba, que la privación del que ya se confiaba. Una confianza sólo merece protección cuando está justiciada. En la subsistencia de disposiciones legales que se hallan en abierta contradicción con postulados fundamentales de la moralidad y la justicia debe confiarse menos que en la obligatoriedad de una decisión judicial alcanzada por medios erróneos, pero que procesalmente ya no es impugnable.[133]

---

[132] PONTES DE MIRANDA, Francisco Cavalcanti. *Tratado das ações*, vol. I. 2ª ed. São Paulo: RT, 1972, p. 252.

[133] BOEHMER, Gustav. *El Derecho Através de la Jurisprudência*: Su Aplicación e Creación. Barcelona: Bach, p. 96-97. *Apud* DELGADO, José Augusto. *Op. cit.*, p. 54.

É certo que a segurança jurídica é um princípio fundamental do Direito Processual Civil. Do mesmo modo como é inegável que há outros princípios e valores informadores do processo. Neste sentido, Cândido Rangel Dinamarco escreveu recentemente que "um óbvio predicado essencial à tutela jurisdicional, que a doutrina moderna realça, é o da justiça das decisões".[134]

Prossegue o mesmo processualista dizendo que o Direito Processual Civil tem se preocupado cada vez mais com a justiça, ou melhor, com a inexorável necessidade de produzir soluções justas para os litígios. "A eliminação dos conflitos mediante critérios justos é, pois, o mais nobre de todos os objetivos do sistema processual".[135]

Acerca do mesmo tema, Alexandre Freitas Câmara ensina que:

> O direito processual moderno é um sistema orientado à construção de resultados justos. A ideologia do processualista contemporâneo, conhecida como processo civil de resultados, leva á necessária revisão de diversos conceitos que pareciam firmemente estabelecidos no panteão dos dogmas jurídicos. Isso se dá porque não é aceitável que, em um momento histórico como o atual, em que tanto se luta por justiça, possamos abrir mão dela em nome de uma segurança que não dá paz de espírito ao julgado nem tranqüilidade à sociedade.[136]

José Augusto Delgado foi uma das primeiras vozes autorizadas a defender a revisão da carga imperativa da coisa julgada. A síntese do seu entendimento é o de que "a coisa julgada não deve ser via para o cometimento de injustiças". As linhas básicas do seu pensamento assentam-se na ideia de que a força da coisa julgada deve pressupor a verdade, a certeza e a justiça.[137]

Humberto Theodoro Júnior, em parecer apresentado sobre tema de desapropriação indireta, onde há discussão de valores que estão sendo exigidos além da realidade, antes de discutir o mérito da questão, assinalou sobre o objetivo primordial do processo no nosso ordenamento jurídico:

> (...) é importante ressaltar, desde logo, que o processo deixa de ser tratado apenas com o frio método de compor litígios, para se transformar veículo de satisfação do direito cívico e fundamental de todos à tutela jurisdicional. Visto como garantia de acesso à Justiça, no mais amplo e irrestrito sentido, o devido processo legal

---

[134] DINAMARCO, Cândido Rangel. *A Instrumentalidade do Processo*. 8ª ed. São Paulo: Malheiros, 2000, p. 161.

[135] *Ibidem, loc. cit.*

[136] CÂMARA, Alexandre Freitas. Relativização da Coisa Julgada Material. In: *Revista Gênesis de Direito do Trabalho*, nº 133. Curitiba: Gênesis, 2004, p. 21.

[137] DELGADO, José Augusto. Pontos Polêmicos das Ações de Indenização de Áreas Naturais Protegidas. In: *Revista de Processo*, nº 103. São Paulo: RT, 2001, p. 31.

apresenta-se como o processo justo, isto é, o instrumento que não apenas serve à composição de litígios, mas que assegura a melhor e mais justa solução do conflito, segundo os padrões éticos e os anseios gerais de justiça do meio social. (...) Na verdade, a experiência nos ensina que o bom juiz só muito raramente enfrenta o dilema de aplicar uma regra legal incompatível com o justo, em seu sentido ético. Àquele que se ocupa de usar os poderes processuais para dar efetividade às aspirações de justiça da sociedade, encontra sempre um meio de superar o aparente conflito entre a norma positiva e o justo. Basta, na quase totalidade das situações, o emprego dos meios corretos de interpretação da lei, para se lograr uma adequada definição, que se revele idônea à concretização do justo.[138]

Também lembra o mesmo doutrinador que

O juiz contemporâneo está sujeito a um pacto político-moral de atuar como agente do poder por meio de decisões submetidas invariavelmente a uma exigência de legitimidade e nessa qualidade não pode se eximir da responsabilidade pelos resultados inadequados dos julgamentos que profere imputando por inteiro ao legislador a "justiça ou injustiça de sua decisão". Muito pelo contrário, cabe ao juiz responder pelo injusto que de sua sentença decorre para as partes. Por isso, vê-se obrigado "a adotar uma posição de mediador entre a lei e seus destinatários, ou seja, entre o propósito do legislador e as expectativas do cidadão". Nesse mister de mediador e de conciliador, pode ser levado a ponderar aquilo que o técnico, o doutrinador, não alcança de ordinário, porque movido apelas pelo "interesse cognitivo". Ao juiz afetam os dados de angústia e urgência daquele que tem de submeter sua vida a regra legal e, por isso, tem, muitas vezes de forçar a hermenêutica para descobrir um sentido para a norma diante do drama concreto que a especulação do estudioso apenas não alcançaria.[139]

Na doutrina pátria, Nelson Nery Júnior[140] e José Ignácio Botelho de Mesquita[141] são contrários à tese da relativização da coisa julgada. O primeiro sustenta que o sistema jurídico pode conviver com a sentença injusta e com aquela aparentemente inconstitucional, afirmando que o risco político de elas existirem é menor do que o risco trazido pela relativização da coisa julgada, que acaba instaurando uma situação de insegurança geral. O segundo, que se trata de um "movimento juridicamente retrógrado e politicamente anacrônico".

John Rawls entende que:

The only thing that permit us to acquiesce in an erroneous theory is the lack of a better one; analogously, an injustice is tolerable only when it in necessary to avoid an even greater injustice.[142]

---

[138] DELGADO, José Augusto. *Op. cit.*, p. 60.

[139] *Ibidem*, p. 60-61.

[140] NERY JÚNIOR, Nelson. *Teoria Geral dos Recursos*. 6ª ed. São Paulo: 2004, p. 501-507.

[141] MESQUITA, José Ignácio Botelho de. *Coisa Julgada*. Rio de Janeiro: Forense, 2004, p. 89-123.

[142] RAWLS, John. *A Theory of Justice*. Oxford: Oxford University, 1996, p. 4.

Gustav Radbruch defende a segurança dos julgados e diz que a desconsideração da coisa julgada estabelece um estado de grande incerteza, gerando uma situação insustentável, citando a seguinte passagem de Sócrates:

> Crês, porventura, que um Estado possa subsistir e deixar de se afundar, se as sentenças proferidas nos seus tribunais não tiverem valor algum e puderem ser invalidadas e tornadas inúteis pelos indivíduos?[143]

Como explicita Ovídio Araújo Baptista da Silva, aludindo à doutrina de Norberto Bobbio,

> (...) nenhuma lei pode absolutamente ser injusta, na medida em que cada homem cria, com o seu consentimento, a lei que ele é obrigado a observar; esta, por conseguinte, tem de ser justa, a não ser que um homem possa ser injusto consigo mesmo.[144]

Sob tal ótica, é necessário superar o positivismo e tratar o Direito, especialmente o processo, como ciência hermenêutica. Dessa forma, as sentenças refletirão os valores de acordo com o momento histórico que os produziram.

Como o positivismo não comporta a analogia, resta supervalorizada a lei. Assim, a produção do direito é atribuída apenas ao legislador, não aos outros poderes públicos ou à pessoa individual. Nas palavras do mesmo doutrinador:

> Os reflexos deste singular conceito de "ciência" tem uma relevância para o direito processual que não se deve obscurecer. Em primeiro lugar, porque as categorias éticas, especialmente, no que nos interessa, a justiça – insuscetível de "calculabilidade" – será tida por irracional. Daí a necessidade de que a justiça seja disposta, pelo legislador, através de uma norma que explicite o que é justo ou injusto. Imagina-se que não possuímos aptidão para julgamentos que digam respeito ao que seja justo ou injusto. O legislador é que nos dirá, por meio de norma de caráter geral, o que deve ser tido como justo. Em segundo lugar, esse conceito de mutilado de ciência é também relevante para o direito processual por nos mostrar que, para o sistema jurídico, o "senso comum" tornou-se "logificado", como disse Gadamer. Somente seria "racional" o que seja "explicado" logicamente. Se não concluirmos, silogisticamente, a partir da premissa que nos informa o que é justo (aquilo que está posto pelo legislador), não estaremos autorizados a emitir juízos éticos, portanto não poderemos qualificar uma determinada conduta humana como "justa" ou "injusta". Em última análise, a percepção do "justo" e do "injusto" passa a ser uma incumbência dos especialistas em exegese legal.[145]

---

[143] RADBRUCH, Gustav. *Filosofia do Direito.* Coimbra: Armênio Armado, 1979, p. 184.

[144] BOBBIO, Norberto. *Thomas Hobbes.* Rio de Janeiro: Campus, 1991, p. 49. *Apud* SILVA, Ovídio Araújo Baptista da. *Processo (...),* p. 295.

[145] SILVA, Ovídio Araújo Baptista da. *Processo (...), loc. cit.*

Com efeito, a partir da segunda metade do século XX, o movimento da constitucionalização do direito processual impôs uma sensível redução do significado da lei, expresso pelas regras em favor dos princípios.

Embora as novas circunstâncias fizeram com que os magistrados assumissem compromissos com opções valorativas, "a transferência de poderes continua a ser zelosamente vigiada pelo poder, que não abre mão dos recursos".[146]

Em síntese, há forte tendência à manutenção do sistema fiel à doutrina que pressupõe um único sentido à lei, sem ponderar a compreensão de outros valores.

Desse modo, o magistrado não detém autonomia decisória que lhe dê condições de recusar, por exemplo, a aplicação a uma lei que, diante de novas contingências históricas, se tornara injusta.

Releva citar a lição de Emilio Betti, ao tratar dos fundamentos da hermenêutica jurídica:

> Nell interpretazione giuridica di un ordinamento in vigore il giurista non si può arrestare a rievocare il senso originario della norma – come se si trattasse di un entità, di un fatto del passato, avente un senso in sè conchiuso –, ma debe face un passo avanti: perchè la norma, lunghi dall esaurirsi nella sua primitiva formulazione, ha vigore attuale in una con l'ordinamento di cui fa parte integrante, ed è destinata a passare e trasfondersi nella vita sociale, alla cui disciplina debe servire. Qui, pertanto, il interprete non ha ancora finito di adempiere il suo compito, quando ha ricostruito l'idea originaria della formola legislativa (cosa che pur debe fare), ma debe dopo ciò, mettere d'acordo quel idea con la presente attualità, infondendovi la vita di questa, perchè appunto a questa la valutazione normativa dev'essere riferita.[147]

Do pensamento do jurista italiano, depreende-se que não basta revelar uma pretensa interpretação verdadeira, porque o preceito não esgota a sua missão. Vencida essa preliminar, haverá o julgador de harmonizar o seu sentido primitivo com as circunstâncias de sua atualidade, dando-lhe nova vida.

O entendimento de Giuseppe Zaccaria, abaixo transcrito, auxilia na compreensão a respeito do conflito entre lei e justiça, ou entre leis injustas e a eventual liberdade conferida ao magistrado para obedecê-las:

> Il problema ermeneutico no si riduce allora soltanto a questione di analisi e di controllo del linguaggiu (anche se non ne può prescindire), ma è piuttosto problema di "giusta" (richtig) interpretazione della cosa, che "avviene" nel médium lingüístico.

---

[146] SILVA, Ovídio Araújo Baptista da. *Processo (...), op. cit.*, p. 275.

[147] BETTI, Emílio. *L'Interpretazione Della Legge e Degli Atti Giurídici*. Milão: Giuffrè, 1971, p. 107.

> Mentre in prospettiva simiotica il concetto centrale è quello di autonomia semantica del testo giuridico, nell'approccio ermeneutico il testo non è autonomo, ma da una pacta si referiesce ad un mondo dell'azione che lo precede, all'altra è sottoposto, nel momento dell'interpretazione, a processi di arrichimento produtivo. Senza un pré-giudizio sulla necesita di disciplina per il caso in questione e sulla posibilita di risolverlo, il linguaggio della norma non può assolutamente asserire ciò che gli si chiede: la giusta soluzione.[148]

Os novos indicadores culturais foram responsáveis pelo desapego iluminista aos textos legais, em favor da criação jurisprudencial do direito, diminuindo substancialmente a distância entre as novas correntes de pensamento jurídico e a rigidez do sistema positivo.

Sobre essa rigidez do sistema normativo e a aplicação das normas jurídicas, escreve Karl Engisch:

> O resultado a que chegamos com referência a tão discutida discricionariedade é, portanto, este: que pelo menos é possível admitir – na minha opinião é mesmo de admitir – a existência de discricionariedade no seio da nossa ordem jurídica conformada pelo princípio do Estado de Direito. De discricionariedade, note-se, neste sentido: no sentido de que, no domínio da administração ou no da jurisdição, a convicção pessoal (particularmente, a valoração) de quem quer que seja chamado a decidir, é elemento decisivo para determinar qual das várias alternativas que se oferecem como possíveis dentro de certo "espaço de jogo" será havida como sendo a melhor e a "justa". É problema da hermenêutica jurídica indagar onde e com que latitude essa discricionariedade existe.[149]

O professor Ovídio Baptista, embora reconheça a importância da analogia como técnica de cobertura de lacunas, especialmente daquelas a que Engisch se refere, entende que a compreensão hermenêutica permite, em determinadas circunstâncias, "que se recuse aplicação a certas leis que as novas condições sociais tornaram inadequadas ou obsoletas, legitimando sentenças contra legem".[150]

Prossegue dizendo que "a penosa passagem do pensamento lógico para o analógico deve ter como pressuposto uma concepção do Direito que o faça comprometido com valores, que o conceba como um direito permeado pela eticidade".[151]

Os juristas em geral, e os processualistas em particular, não podem mais continuar escondendo-se atrás do universo conceitual,

---

[148] ZACCARIA, Giuseppe. *L'Art Dell'Interpretzione*: Soggi Sul'ermeneutica Giurídica Contemporanea. Padova: Cedam, 1990, p. 90.

[149] ENGISCH, Karl. *Introdução ao Pensamento Jurídico*. Lisboa: Calouste Gulbenkian, 1996, p. 227.

[150] SILVA, Ovídio Araújo Baptista da. *Processo (...)*, p. 287.

[151] *Ibidem*, p. 290.

repassando a outrem a responsabilidade pelo fracasso da administração de uma injustiça condizente com os padrões contemporâneos.

É o momento de ter consciência de que, embora haja um longo caminho a ser percorrido, não apenas um novo sistema social, mas novas estruturas de saber, em que filosofia e ciência andem juntas, poderão assegurar a tão almejada justiça, num autêntico Estado Democrático de Direito, em que o cidadão tome o lugar do indivíduo.

Embora não haja consenso entre os processualistas sequer sobre o conceito de (in)justiça, a ampliação da discussão acerca do tema poderá levar à solução mais acertada diante do caso concreto. A tanto devem se curvar doutrina e jurisprudência em uma homenagem maior à cidadania.

3.2. MANDADO DE SEGURANÇA E COISA JULGADA

O Mandado de Segurança, como ação constitucional de garantia de direitos individuais ou coletivos contra atos ilegais de agentes públicos, é hoje amplamente utilizado. Trata-se de instrumento atual e extremamente importante do Estado Democrático de Direito.

Na definição de Eduardo Talamini, "o mandado de segurança tem como natural aptidão corrigir um específico e determinado ato omissivo ou comissivo, de agente público, que agride direito protegido por lei".[152] Seu efeito preponderante é o mandamental, com que se obsta ou suprime a ilegalidade ou abuso de poder do agente da autoridade pública, quando concessiva a decisão.

Para ele,

> O mandado de segurança tem um objeto de proteção amplo: volta-se contra qualquer ameaça ou afronta a direito perpetrada pelo Estado ou quem lhe faça às vezes. Se fosse para identificar um valor geral que confere unidade ao objeto da tutela, poderia dizer-se que é o direito de cada "particular" não ter sua esfera jurídica atingida por atos públicos ilegítimos. Nesse âmbito podem estar inseridos desde direitos extremamente essenciais ao resguardo da dignidade humana até outros de menor envergadura axiológica (meramente patrimoniais etc.).[153]

O mandado de segurança contra decisões transitadas em julgado sempre foi objeto de severas restrições, quando não de negativas

---

[152] TALAMINI, Eduardo. Mandado de Segurança e Direito Público. In: *Fórum Administrativo – Direito Público*, n° 65. Belo Horizonte: Forum, 1999, p. 519-522.

[153] *Ibidem*, p. 523-524.

aparentemente absolutas (a exemplo do verbete 268[154] da Súmula de Jurisprudência do Supremo Tribunal Federal).[155]

O traço diferencial na limitação de objeto do mandado de segurança reside, sobretudo, em um parâmetro processual: o "direito líquido e certo", compreendido como a exigência de apresentação de prova pré-constituída dos fatos relevantes para a concessão da tutela que se requer. Esse parâmetro, aliás, até tem grande relevância na definição da possibilidade de desconstituição de atos revestidos da coisa julgada, na medida em que seleciona os casos em que a afronta ao direito é verificável de modo direto e inequívoco.

A amplitude do objeto de proteção do mandado de segurança impede que se lhe dê, no que concerne ao emprego contra atos revestidos da coisa julgada, uma solução geral e única como a estabelecida para o *habeas corpus*. É necessário ponderar os valores envolvidos. De acordo com essa orientação, em casos limites, gravíssimos, decisões judiciais podem ser impugnadas pelo mandado de segurança mesmo fora dos limites ditados, em homenagem àqueles outros direitos e garantias consagrados pelo texto constitucional. Admite-se, assim, o emprego do mandado de segurança contra atos que eram recorríveis e mesmo contra atos que foram objeto de todos os recursos possíveis.[156]

Todavia, impõe-se analisar com cautela o disposto no artigo 15 da Lei nº 1.533/51[157] e a orientação traçada na Súmula do Supremo Tribunal Federal, pois sua apressada leitura poderá levar à conclusão de que, seja qual for a natureza da decisão denegatória do *mandamus*, sempre se poderia renová-lo – o que, evidentemente, não corresponde à realidade.[158]

Como bem aponta Celso Agrícola Barbi, a redação da Lei nº 1.533/51 reproduziu o artigo 329 do Código de Processo Civil de 1939 o qual, por sua vez, seguiu a orientação traçada na Constituição Federal de 1934, na qual fora previsto, pela primeira vez, o mandado

---

[154] "Não cabe mandado de segurança contra decisão judicial com trânsito em julgado".

[155] TALAMINI, Eduardo. *Coisa (...)*, p. 513.

[156] *Ibidem*, p. 514-524.

[157] "A decisão do mandado de segurança não impedirá que o requerente, por ação própria, pleiteie os seus direitos e os respectivos efeitos patrimoniais". (BRASIL. *Lei 1.533 – Lei do Mandado de Segurança*. Disponível em <http://www.planalto.gov.br/ccivil_03/Leis/L1533.htm. Acesso em 22 nov. 2007>. As demais referências a esse diploma foram baseadas em consulta à mesma fonte).

[158] SCHMITT, Rosane Heineck. *Decisões que podem dar origem à coisa julgada material*. In: OLIVEIRA, Carlos Alberto Álvaro de. (Org.). *Eficácia e coisa julgada*. Rio de Janeiro: Forense, 2006, p. 226.

de segurança, tendo por objeto situações excepcionais e para os casos em que o ato fosse manifestamente ilegal, de modo que a inexistência da ilegalidade manifesta levava à denegação do *writ*. Por tais razões, naquela regulação legal, permitiu-se que o impetrante voltasse novamente em juízo através de outra ação em busca de seu direito.[159]

Na vigência da Constituição Federal de 1946, foi suprimida a exigência de que o ato fosse manifestamente ilegal, bastando a certeza sobre os fatos. A partir daí, não era mais necessária a salvaguarda da possibilidade de renovação do pleito por outros meios processuais.[160]

A jurisprudência e a doutrina, contudo, "desatentas à profunda renovação operada nas bases do mandado de segurança, esqueceram-se de reelaborar seus conceitos sobre a estrutura do instituto (...), inclusive das repercussões no fenômeno da coisa julgada",[161] continuaram a afirmar que, independentemente da causa da denegação do mandado, não se produziria a coisa julgada em relação ao impetrante, habilitando-o a voltar em juízo, por outro meio processual, buscando sua pretensão.

Seja como for, com base nesses antecedentes do remédio heroico, a regra do artigo 15 da Lei 1.533/51 deve ser interpretada de acordo com os contornos vigentes para o mandado de segurança, o que leva a constatar-se que o pedido pode ter dois tipos de decisões: uma, sobre questões prévias, em que a decisão declarando a carência de ação apenas impede a impetração de uma nova ordem idêntica; outra, sobre a existência do direito pleiteado, pronunciando-se o julgador sobre o próprio bem da vida requerido.

No primeiro caso, a demanda poderá ser renovada por outra via processual, como faculta o artigo 16 da Lei nº 1.533/51, eis que nesta situação a coisa julgada não se operou, pois o mérito do *mandamus* não foi examinado. Nesse sentido a Súmula 304 do Supremo Tribunal Federal.[162]

---

[159] BARBI, Celso Agrícola. *Do Mandado de Segurança*. 10ª ed. Rio de Janeiro: Forense, 2000, p. 181.

[160] *Ibidem*, p. 181-182.

[161] *Ibidem*, p. 183.

[162] Celso Barbi aponta a obscuridade de redação do verbete da Súmula 304 do STF, entendendo-a consagradora da velha tese de que "a decisão do mandado nunca faz coisa julgada material, quando for denegatória", anotando que "a jurisprudência dominante é em sentido contrário ao texto (...). Observe-se, porém, que entre as referências em que se fundou a 'Súmula' está o acórdão de 3.07.1963, no Recurso Ordinário em Mandado de Segurança nº 9.598 (...) de 5.09.63, que se refere a 'reiteração de mandado de segurança já negado'. O relator, Senhor Ministro Pedro Chaves, sustenta que, se houve decisão anterior em mandado de segurança, o pedido não pode ser reiterado nessa via. O Senhor Ministro Victor Nunes Leal, entendeu que,

De outra banda, se o juiz examina o fundo de direito da pretensão, afastando-a por não encontrar guarida no ordenamento jurídico, pronuncia-se sobre o mérito da ação, e se o mandado por essa razão foi negado, então ocorrerá a coisa julgada material, constituindo óbice absoluto da renovação da pretensão material que não mais poderá ser renovada, via novo mandado de segurança ou através de qualquer outra ação, cabendo-lhe, se for o caso, apenas a via norma de desconstituição do caso julgado, que é a ação rescisória.[163]

A coisa julgada operar-se-á, também e obviamente, se a segurança for concedida, porque neste caso o mérito do pedido terá sido examinado, sendo objeto da decisão.[164]

Ou seja, se a decisão, em mandado de segurança, declarar a carência de ação, impedirá, somente, a impetração de nova ordem em idênticas condições, não obstaculizando que novo *mandamus* seja impetrado, desde que corrigidas as deficiências do anterior – o que significa mandado de segurança diverso –, ou mesmo o ajuizamento de ação ordinária.

Transitada em julgado a decisão de mérito do *writ*, seja concessiva ou denegatória da segurança, terá efeitos imutáveis, adquirindo autoridade de coisa julgada.

Sobre o cabimento do mandado de segurança contra ato judicial, vale citar recente decisão do Plenário do Supremo Tribunal Federal, em que, por maioria, se admitiu o emprego do mandado de segurança contra ato do Ministro-Presidente que consistia no indeferimento de pedido de suspensão de decisão contra o Poder Público, mantendo-se a decisão prolatada nas instâncias ordinárias. As circunstâncias descritas pela relatora, Ministra Ellen Gracie, pareciam ser de tal gravidade, que mesmo o Ministro Sepúlveda Pertence, que votara vencido na questão preliminar de admissibilidade do *man-*

---

se negado mandado de segurança, não pode ser utilizada a ação ordinária sobre o mesmo direito (...). Posteriormente, todavia, o Supremo Tribunal Federal vem interpretando a Súmula 304 exatamente no sentido por nós defendido, isto é, se houve certeza sobre os fatos mas o juiz reconheceu que a lei não dá ao autor o direito subjetivo que ele alega, isto é, *se o mandado foi negado com exame do mérito, a sentença faz coisa julgada material*" (o original não está grifado). BARBI, Celso Agrícola. *Op. cit.*, p. 185-186.

[163] SCHMITT, Rosane Heineck. *Op. cit.*, p. 228.

[164] Celso Barbi refere a posição de Luis Eulálio de Bueno Vidigal, que admitia a renovação do *mandamus* mesmo quando do julgamento do mérito, porque é o remédio disponível ao particular para anular as medidas que a Administração pode efetivar, sem intervenção judicial. Contrariamente, contudo, manifesta-se o Professor Alfredo Buzaid, que o critica, acentuando que o "processo de mandado de segurança não visa à composição provisória da lide, mas sim a sua definitiva resolução", distinguindo-o, devidamente, das *medidas cautelares nas quais*, "além do periculum in mora, basta apenas a aparência do direito, e o mandado de segurança, que requer a existência de um direito certo*" (o original não está grifado). BARBI, Celso Agrícola. *Op. cit.*, p. 187.

damus, no momento seguinte, de deliberação sobre a *quaestio juris*, acompanhou os demais, de modo que se concedeu por unanimidade a segurança.[165]

Após muitos anos de polêmicas, há razoável consenso sobre a admissibilidade do mandado de segurança contra atos jurisdicionais, desde que presentes seus pressupostos respectivos, ao menos nas seguintes hipóteses: (a) contra decisão da qual não caiba recurso nenhum; (b) contra decisão da qual não caiba recurso com efeito suspensivo ou apto a desde logo propiciar a providência negada pela decisão; (c) contra omissões, em si mesmas não recorríveis; (d) por terceiros em relação ao processo, atingidos por seus atos; (e) contra sentença juridicamente inexistente ou absolutamente ineficaz.

Cumpre examinar as situações em que, havendo propriamente a coisa julgada material, alguém que está a ela submetido pretenda valer-se do mandado de segurança para impugnar a sentença.

O mandado de segurança, no âmbito da atividade jurisdicional, deve ser conjugado com o regramento interno do processo. Daí por que se a disciplina processual já prevê instrumento eficaz para o controle do ato jurisdicional, fica afastado o cabimento do mandado de segurança, por falta de interesse processual.

Já nos demais casos, o mandado de segurança assume fundamental papel de mecanismo de tutela "complementar" ou "corretiva" do sistema processual,[166] ao estilo – seja permitida a comparação – daquela proteção desenvolvida pelos pretores no processo clássico romano (aliás, à qual remontam as raízes interditais do mandado de segurança). São essas diretrizes que embasam a não admissão de mandado de segurança contra decisão de que caiba recurso com efeito suspensivo.

No que tange à sentença revestida da coisa julgada material, põe-se basicamente a mesma questão. Em princípio, cabe contra ela ação rescisória. Por muito tempo, cogitou-se do emprego do mandado de segurança em vista da possibilidade de se obter, por essa via, medida urgente suspendendo os efeitos da sentença impugnada – o que não se tem com a simples pendência da ação rescisória (artigo 489).

---

[165] STF. Tribunal Pleno. Questão de Ordem no Mandado de Segurança 24.159/DF, j. em 26.06.2002, relatora a Senhora Ministra ELLEN GRACIE. Contudo, não se tratava de decisão acobertada pela coisa julgada; apenas estavam preclusos todos os recursos e meios de impugnação contra uma liminar.

[166] CALMON DE PASSOS, José Joaquim. O Mandado de Segurança Contra Atos Jurisdicionais: Tentativa de Sistematização nos Cinqüenta Anos de Sua Existência. In: *Revista de Processo*, nº 33, São Paulo: RT, 1984, p. 65.

Posteriormente, estendeu-se não apenas o cabimento da medida cautelar, como também a antecipação de tutela, para a ação rescisória. Atualmente, há expressa disposição normativa a respeito (CPC, artigo 489). Com isso, em regra, falta interesse processual para o emprego do mandado de segurança contra a sentença transitada em julgado: a ação rescisória oferece meios instrutórios mais amplos ao interessado, submete-se a prazo decadencial significativamente maior e pode ter a utilidade concreta de seu resultado final assegurado por medidas urgentes.

Resta indagar do cabimento do mandado de segurança contra a sentença revestida de coisa julgada material nas excepcionais hipóteses em que não couber ação rescisória.

A primeira hipótese a considerar, é a de algum caso em que haja a prova pré-constituída (o direito líquido e certo) da incorreção processual ou substancial da sentença sem que seja possível o enquadramento em qualquer das hipóteses de ação rescisória. O caso talvez seja de rara ocorrência.

A segunda hipótese que tem sido mais frequentemente considerada por doutrina e jurisprudência diz respeito às sentenças de mérito proferidas nos Juizados Especiais Cíveis, contra as quais não cabe ação rescisória, por força de expressa disposição (Lei 9.099/1995, artigo 59).[167]

Flavio Yarshell desenvolveu minucioso exame do tema. Segundo ele, quando a lei vedou a ação rescisória, excluiu necessariamente qualquer outra via de ataque a essas decisões transitadas em julgado. Para ele, não há inconstitucionalidade na supressão da ação rescisória nos Juizados Especiais, embora considere criticável a opção política do legislador. Em seu entendimento, admitir o mandado de segurança implicaria uma burla à lei. De resto, afrontar-se-ia o princípio da isonomia, pois apenas o litigante que apresentasse prova pré-constituída do *error in procedendo* ou *in judicando* teria direito à rescisão da sentença. E, de qualquer sorte, caso fosse admissível o mandado de segurança, haveria de se aceitar também o emprego de

---

[167] BRASIL. Lei 9.099 – Lei dos Juizados Especiais Estaduais. Disponível em <http://www.planalto.gov.br/ccivil_03/Leis/L9099.htm>. Acesso em 12 nov. 2007. As demais referências a esse diploma foram baseadas em consulta à mesma fonte.
A propósito, a Lei 10.259/2001, dos Juizados Especiais Federais, silencia a respeito do tema. Joel Figueira Júnior afirma também não caber ação rescisória nesse caso, por aplicação subsidiária da Lei 9.099/95 (cf. artigo 1º da Lei 10.259/2001). Ele critica tal exclusão da rescisória (FIGUEIRA JÚNIOR, Joel. *Manual dos Juizados Especiais Cíveis Estaduais e Federais*. São Paulo: RT, 2006, p. 381). O Conselho da Justiça Federal também opinou por não caber rescisória nos Juizados Federais (Resolução-CJF nº 273/2002, artigo 41).

uma ação comum, com respaldo no artigo 5º, XXXV, da Constituição.[168]

Alexandre Câmara alude ao cabimento de mandado de segurança contra as decisões interlocutórias dos Juizados, mas não contra as suas sentenças, porque, contra estas, cogita do emprego de uma ação de *querella nullitatis* nas hipóteses que seriam as de rescisória e nas de ofensa à Constituição.[169]

Segundo Eduardo Talamini, não se pode concordar com o argumento de que, assim como o legislador pode legitimamente proibir no Juizado Especial a ação rescisória, a despeito de seu respaldo constitucional, idêntica conclusão seria aplicável para o mandado de segurança. A definição do campo de incidência da ação rescisória cabe ao legislador infraconstitucional, sempre sem perder de vista o dever de constituição de um modelo processual razoável. Já o mandado de segurança é diretamente consagrado na Constituição, que desde logo estabelece suas condições de admissibilidade, não atribuindo ao legislador infraconstitucional nenhuma participação nessa tarefa.

Isso não implica, de modo nenhum, a simples instituição de uma via ordinária de revisão das decisões finais nos processos do Juizado Especial. Os requisitos do mandado de segurança – nomeadamente o "direito líquido e certo" – funcionam como "filtro" suficiente. Uma análise realista leva à conclusão de que o mandado de segurança, com seus requisitos, presta-se a abranger um número de casos muito menor do que os que seriam atingidos pela ação rescisória, se ela coubesse. Além disso, o curso do prazo para propositura do mandado de segurança, de cento e vinte dias (que, de resto, se revela constitucional, conforme assentado no verbete 632 da Súmula de Jurisprudência do Supremo Tribunal Federal[170]), também impede que ele se torne um puro e simples sucedâneo da ação rescisória.[171]

Outrossim, pode-se se afirmar que a coisa julgada do mandado de segurança está limitada ao ato coator combatido, e não impede a edição de atos administrativos semelhantes.

---

[168] YARSHELL, Flávio. *Tutela jurisdicional*. São Paulo: Atlas, 1999, p. 84-88.

[169] CÂMARA, Alexandre Freitas. *Juizados especiais cíveis estaduais e federais*: uma abordagem crítica. Rio de Janeiro: Lumen Juris, 2004, p. 167-172.

[170] "É constitucional lei que fixa o prazo de decadência para a impetração de mandado de segurança".

[171] TALAMINI, Eduardo. *Coisa (...)*, p. 523.

Cumprida a decisão concessiva da segurança, o mandado de segurança se exaure, e qualquer outro ato administrativo posterior, mesmo que semelhante ao ato coator, não é atingido pela coisa julgada derivada daquele *mandamus*.

Além do mais, o mandado de segurança tem rito processual especial, com prova pré-constituída, cognição sumária, prazos processuais – próprios e impróprios – diminutos, notificação da autoridade coatora para prestação de informações (ao invés da citação da pessoa jurídica de direito público para apresentar resposta). Tais características bem demonstram a diferença desta ação em relação às demais.

Não se cuida, por certo, de uma diminuição do mandado de segurança frente a outras ações. Em verdade, cuida-se de uma consequência da simplificação de seu processo, talvez um obstáculo a menos para facilitar justamente a pronta e imediata tutela jurisdicional buscada, que é a correção do ato específico atacado pelo mandado de segurança. Essa ilação é perfeitamente compatível com os objetivos do *writ of mandamus*, que não é apenas uma ação constitucional, mas uma garantia constitucional.

A causa de pedir remota, a causa de pedir próxima e o pedido do mandado de segurança constituem os limites objetivos da coisa julgada do *mandamus*; as partes, por seu turno, conformam os limites subjetivos, delimitando justamente os sujeitos alcançado pelos efeitos do *writ*. Dessa forma, na análise da coisa julgada, ainda que as partes e o fundamento sejam os mesmos, é necessário verificar se o ato coator é o mesmo, ou se é outro ato. Se for outro ato, mesmo que análogo ou semelhante ao coator, a coisa julgada do mandado de segurança não o atinge.

3.3. AÇÕES COLETIVAS E COISA JULGADA

O direito brasileiro, como se sabe, regula uma série de remédios destinados à tutela dos interesses metaindividuais (difusos e coletivos).

A referência a estes instrumentos de tutela dos interesses difusos, coletivos e individuais homogêneos numa exposição sobre a coisa julgada revela-se pertinente na medida em que há, em nosso sistema jurídico, uma série de regras destinadas à regulamentação da *res judicata* nas demandas coletivas.

O resultado das ações coletivas interessa a múltiplas pessoas, daí decorre a necessidade de que a disciplina da coisa julgada se dê de forma mais abrangente. Também da essência da tutela coletiva ou de massa é a possibilidade de um, ou alguns, ou determinadas entidades ajuizarem ações coletivas independentemente da presença de todos os interessados.[172]

A coisa julgada assegurada no plano constitucional objetiva a tutela da segurança das relações jurídicas e ganha novos contornos no âmbito da proteção dos interesses difusos e coletivos.

A limitação da coisa julgada, nos seus aspectos objetivo e subjetivo, tem por escopo a segurança nas relações jurídicas e busca concretizar os princípios do contraditório[173] e da ampla defesa.

Desses princípios, resulta para terceiros a faculdade de poder opor-se à sentença desfavorável proferida *inter alios*, em contraditório do qual não participaram em razão de não integrarem aquela relação jurídico-processual.

Entretanto, nas hipóteses das ações coletivas objetivando a tutela de bens e interesses pertencentes a uma coletividade de pessoas, a coisa julgada apresenta peculiaridades, a determinar sua extensão *erga omnes*, ao menos em determinada medida.[174]

Com efeito, as peculiaridades da sentença em ação coletiva são distintas em se tratando de interesses coletivos, quando a coisa julgada pode restringir-se aos integrantes de um grupo, identificáveis, e exercitáveis, portanto, mediante utilização das técnicas processuais clássicas da substituição e da representação; e quando se cuida de interesses difusos, diante da inviabilidade prática de determinação dos seus titulares a exigir que se proceda à ampliação dos limites da coisa julgada.

Especial atenção é devida nas hipóteses em que se trata de forma coletiva dos denominados direitos individuais homogêneos, hipótese que não pode resultar em agressão às garantias individuais clássicas decorrentes dos princípios do contraditório e da ampla defesa.

---

[172] BERTOLO, Rozangela Motuska. *A Coisa Julgada nas Ações Coletivas*, p. 293. In: OLIVEIRA, Carlos Alberto Álvaro (Org.). *Eficácia e Coisa Julgada*: Atualizada de Acordo com o Código Civil de 2002. Rio de Janeiro: Forense, 2006, p. 293-316.

[173] Vide, sobre a matéria, o artigo de OLIVEIRA, Carlos Alberto Álvaro de. A garantia do contraditório. In: *Revista da Associação dos Juízes do Rio Grande do Sul*, nº 74. Porto Alegre: AJURIS, 1998, p. 103-120.

[174] GIDI, Antônio. *Coisa Julgada e Litispendência em Ações Coletivas*. São Paulo: Saraiva, 1995, p. 58.

Durante muito tempo, a visão tradicional da necessária vinculação do direito subjetivo a um titular determinado (ou determinável) impossibilitou que pudessem ser tidos aqueles interesses como objeto de proteção jurídica, atribuíveis, ao mesmo tempo, a toda uma coletividade e a cada um de seus membros, assim, exemplificativamente, aqueles pertinentes à saúde, ao meio ambiente, à educação e ao consumidor.

O alargamento contemporâneo dos direitos subjetivos permitiu a ampliação do espectro da tutela jurídica e jurisdicional.[175]

O sistema do Código de Processo Civil Brasileiro, de viés marcadamente individualista, deixava insuficientemente protegidos os denominados interesses de massa.

O tratamento sistemático da tutela coletiva de interesses e direitos coletivos, difusos e individuais homogêneos veio a ser dado pelo Código de Defesa do Consumidor (Lei nº 8.078/90),[176] alterando dispositivos da Lei da Ação Civil Pública e da Lei da Ação Popular.

Os conceitos de interesses coletivos, difusos e individuais homogêneos estão estabelecidos de forma precisa, no referido diploma, afastando dúvidas e circunscrevendo com clareza o âmbito de incidência das normas respectivas.

Os interesses difusos apresentam, como nota comum aos direitos ou interesses coletivos, a indivisibilidade. Distinguem-se destes pela absoluta desvinculação entre os seus vários titulares (que têm em comum idêntica situação de fato, normalmente transitória, como, por exemplo, a aquisição do mesmo produto, o padecimento de danos equivalentes originados por determinada fonte poluente).[177] A presença de todos os interessados na relação jurídico-processual revela-se impossível em razão da indeterminação destes.

A tutela de direitos e interesses coletivos se dá, ainda, mediante ação popular, prevista constitucionalmente no artigo 5º, inciso LXXIII, e regrada pela Lei nº 4.717/65, que pode ser proposta por qualquer cidadão com a finalidade de anular atos ilegais, ilegítimos, lesivos ao patrimônio público, ou de entidade de que o Estado participe, à moralidade administrativa, ao meio ambiente e ao patrimô-

---

[175] WATANABE, Kazuo. Comentários às Disposições Gerais do CDC. In: *Código Brasileiro de Defesa do Consumidor*: Comentado pelos Autores do Anteprojeto. Rio de Janeiro: Forense Universitária, 2000, p. 706-762.

[176] BRASIL. Lei 8.078 – Código de Defesa do Consumidor. Disponível em <http://www.planalto.gov.br/ccivil_03/Leis/L8078.htm>. Acesso em 11 nov. 2007. As demais referências a esse diploma foram baseadas em consulta à mesma fonte.

[177] LIMA, Paulo Roberto de Oliveira. *Teoria da coisa julgada*. São Paulo: RT, 1997, p. 66.

nio histórico e cultural, com a consequente condenação em perdas e danos.

A lei disciplinadora da ação popular determina, no seu artigo 18,[178] que a coisa julgada se dá *secundum eventum litis*, não se revestindo da autoridade da coisa julgada se o pedido for julgado improcedente por falta ou insuficiência de provas, hipótese em que qualquer cidadão poderá intentar outra ação com idêntico fundamento, valendo-se de prova nova.

Também insere-se na proteção de interesses difusos e coletivos a Lei n° 7.347/85,[179] que disciplina a ação civil pública de responsabilidade por danos causados ao meio ambiente, ao consumidor, a bens e direitos de valor artístico, estético, histórico, turístico e paisagístico, à qual se aplicam as disposições de natureza processual do CDC, cujos artigos 110 e 117 acrescentaram àquele diploma o inciso IV do artigo 1° e o artigo 21.

A solução adotada pelo legislador, no Código de Defesa do Consumidor, para a disciplina da coisa julgada nas ações coletivas, está contida nos artigos 103 e 104, ampliando o tratamento dado à matéria, na lei da Ação Popular e na Lei da Ação Civil Pública, e a elas se estendendo.

A relativização da coisa julgada na ação coletiva requer especial atenção, porquanto sua sentença, em caso de procedência da demanda, tem efeitos *erga omnes* (salvo hipótese de proteção de direitos de grupo, categoria ou classe específico, caso em que a eficácia *ultra pares* irá beneficiar todas as pessoas daquela categoria respectiva). Eventual desconstituição de decisão de procedência importaria cessação daqueles efeitos, atingindo, em regra, grande quantidade de sujeitos, com reflexo sobre toda e qualquer relação jurídica subordinada.

3.4. AÇÃO RESCISÓRIA

3.4.1. Noção, natureza e objeto

A ação rescisória é um instituto com suas raízes no direito romano, vindo a surgir no direito medieval com a legislação estatu-

---

[178] BRASIL. Lei 4.717 – Lei da Ação Popular. Disponível em <http://www.planalto.gov.br/ccivil_03/Leis/L4717.htm. Acesso em 12 nov. 2007>. As demais referências a esse diploma foram baseadas em consulta à mesma fonte.

[179] *Ibidem*.

tária das cidades italianas, quando da necessidade de impugnação das sentenças inexistentes ou nulas, *i. e.*, contra os *error in procedendo*. Assim, o direito ítalo-canônico, inspirado pelo direito romano e pelo direito germânico, criou a *querella nullitatis*.

Apesar da regra ser a reforma das decisões mediante a interposição de recursos, percebe-se que o legislador brasileiro, influenciado pelo direito europeu, mais precisamente pelo direito lusitano, adotou a dicotomia: recursos e ações autônomas de impugnação. Em outras palavras, admitiu a possibilidade de que, em determinadas hipóteses, a sentença já imutável pelo selo da coisa julgada pudesse ser alterada mediante ação própria.

Atualmente, a ação rescisória está prevista nos artigos 485 a 495 do Código de Processo Civil, editado em 1973, no Título IX do Livro I, denominado "Do Processo nos Tribunais".

Conforme mencionado acima, o sistema jurídico brasileiro adotou a dicotomia, prevendo recursos e ação autônoma para atacar as sentenças. Todavia, esses remédios jurídicos apresentam diferenças marcantes.

O recurso, nas palavras de Pontes de Miranda, "é uma via impugnativa dentro da mesma relação jurídica processual da resolução judicial que se impugna", sem que tenha havido o trânsito em julgado da decisão judicial.[180]

Já a ação autônoma é, como a própria terminologia define, ação e não recurso, que objetiva impugnar sentenças já acobertada pela coisa julgada, porém, eivada de vícios. Tal possibilidade justifica-se porquanto, afinal, as sentenças são emanadas do homem e como qualquer outro ato, passíveis de vícios ou nulidades que importe sua modificação.

José Carlos Barbosa Moreira sintetiza a distinção de forma clara, ao lecionar que

> (...) os meios de impugnação dividem-se, pois, em duas grandes classes: a dos recursos – assim chamados os que podem exercitar dentro do processo em que surgiu a decisão impugnada – e o das ações impugnativas autônomas, cujo exercício, em regra, pressupõe a irrecorribilidade da decisão, ou seja, o seu trânsito em julgado. No direito brasileiro, o protótipo da [última] classe é a ação rescisória.[181]

---

[180] PONTES DE MIRANDA, Francisco Cavalcanti. *Tratado da ação rescisória*. Campinas: Bookseller, 1998, p. 527.

[181] BARBOSA MOREIRA, José Carlos. *O Novo Processo Civil Brasileiro: Exposição Sistemática do Procedimento*. 18ª ed. rev. e atual., Rio de Janeiro: Forense, 1996, p. 132.

Assim, a doutrina brasileira massificou o entendimento no sentido de compreender a ação rescisória como uma ação autônoma, posto que o Código de Processo Civil não a previu dentro do título relativo aos recursos, mas sim no título referente aos processos no tribunal, bem como estabeleceu o seu processamento em outra relação procedimental.

O posicionamento de Ovídio Baptista da Silva corrobora completamente aquela exegese:

> A ação rescisória (...), em verdade, é uma forma de ataque a uma sentença já transitada em julgado, daí a razão fundamental de não se poder considerá-la um recurso. Como toda ação, a rescisória forma uma nova relação processual diversa daquela onde fora prolatada a sentença ou o acórdão que se busca rescindir.[182]

Além disso, conforme a lição de Pontes de Miranda,

> (...) na ação rescisória há julgamento de julgamento. Nela não se examina o direito de alguém, mas a sentença passada em julgado, a prestação jurisdicional, não apenas apresentada (seria recurso), mas já entregue. É um remédio processual autônomo cujo objeto é a própria sentença rescindenda.[183]

Considerada como ação autônoma, resta identificar sua natureza ou, mais precisamente, dentro do espectro conhecido da classificação das ações, em que moldura se afeiçoa.

As ações, em face das cargas de eficácia das sentenças, classificam-se, segundo a posição tradicional da doutrina, em condenatórias, constitutivas e declaratórias. Segundo outra das orientações identificadas, no entanto, a essas categorias devem ser agregadas outras duas: mandamentais e executivas. A ação rescisória, como ação autônoma que é, deve incluir-se dentre uma dessas hipóteses.

Com efeito, a partir de tal classificação das ações, poder-se-ia definir a ação rescisória como instrumento processual autônomo (ação), cuja classificação remonta a uma ação constitutiva negativa (ou desconstitutiva), pela qual se busca a desconstituição (rescisão) de sentença de mérito transitada em julgado, que de alguma forma apresentou vício de tal ordem, que apresenta inconveniente maior do que o da instabilidade do julgado.

O Código de Processo Civil, em seu artigo 485, tratou de estabelecer os pressupostos para a propositura da ação rescisória. Prescreve a aludida norma:

---

[182] SILVA, Ovídio Araújo Baptista da. *Curso de Processo Civil: Processo de Conhecimento.* 4ª ed. rev. e atual., São Paulo: RT, 1998, p. 478.

[183] PONTES DE MIRANDA, Francisco Cavalcanti. *Comentários ao Código de Processo Civil*, vol. VI. 3ª ed. Rio de Janeiro: Forense, 1997, p. 137.

Art. 485. A sentença de mérito, transitada em julgado, pode ser rescindida quando:

I – se verificar que foi dada por prevaricação, concussão ou corrupção do juiz;

II – proferida por juiz impedido ou absolutamente incompetente;

III – resultar de dolo da parte vencedora em detrimento da parte vencida, ou de colusão entre as partes, a fim de fraudar a lei;

IV – ofender a coisa julgada;

V – violar literal disposição de lei;

VI – se fundar em prova, cuja falsidade tenha sido apurada em processo criminal, ou seja, provada na própria ação rescisória;

VII – depois da sentença, o autor obtiver documento novo, cuja existência ignorava, ou de que não pôde fazer uso, capaz, por si só, de lhe assegurar pronunciamento favorável;

VIII – houver fundamento para invalidar confissão, desistência ou transação, em que se baseou a sentença;

IX – fundada em erro de fato, resultante de atos ou de documentos de causa.

Como se denota do próprio *caput* do dispositivo, o legislador brasileiro, preocupado justamente com a segurança da coisa julgada, procurou delinear de forma taxativa e objetiva, quais são os pressupostos para a admissão da ação rescisória. De outro lado, visualiza-se o caráter de ação autônoma, haja vista o critério da prévia existência do trânsito em julgado da sentença de mérito.

Pontes de Miranda, em discussão acerca da admissibilidade da ação rescisória, leciona que "para a propositura da ação rescisória basta a existência de qualquer dos pressupostos objetivos" previstos na norma legal.[184] O mesmo autor complementa, ao dispor que "não é injustiça da sentença, mas a existência de algum daqueles pressupostos que permite, com eficácia final, invocar-se o remédio jurídico rescindente e ser procedente a ação".[185]

Sem dúvida alguma, o inciso V do artigo 485 do CPC (a violação de literal disposição de lei) é o pressuposto mais invocado para o ajuizamento de ação rescisória, e o que mais divergência traz com relação à sua extensão.

De fato, a expressão desse dispositivo dá ensejo a interpretações controvertidas, uma vez que não possibilita ao interprete precisar com segurança o alcance a ser emprestado à "violação literal".

---

[184] PONTES DE MIRANDA, Francisco Cavalcanti, *loc. cit.*
[185] *Ibidem*, p. 90.

Sálvio de Figueiredo Teixeira faz completo levantamento sobre o mencionado inciso, ressaltando que:

> É a hipótese de maior incidência no ajuizamento de ações rescisórias. "Violar literal disposição de lei" ocorre não só quando se diz que ela não está em vigor, como também quando se decide em sentido oposto ao que nela está expresso e claro. Desse modo, violar literal disposição de lei é dar uma interpretação manifestamente errônea, o que não justifica a rescisão de toda interpretação que pareça menos correta.[186]

Apesar de toda discussão, a divergência maior situa-se na caracterização do conceito de "lei" para o diploma processual, que abarcaria apenas o que está efetivamente previsto, ou também o direito em tese; ou seja, se essa regra deve ser interpretada restrita ou extensivamente.

Não paira dúvida de que, se houver violação a um princípio, com muito mais razão a sentença deve ser rescindida, uma vez que violar um princípio é muito mais grave do que violar a própria lei *stricto sensu* – o que demonstra incoerência daqueles que defendem a interpretação restritiva. Destarte, "lei", no dispositivo em exame, deve ser entendido em sentido amplo, no qual se compreende a Constituição, as leis complementares, ordinárias e delegadas, decretos etc. e, sobretudo, os princípios.

Pontes de Miranda defende que a sentença sujeita a rescisão por violação à literal disposição de lei

> É aquela que envolve contrariedade estridente com o dispositivo, não englobando, assim, a interpretação razoável. A jurisprudência pátria tratou de prestigiar interpretações razoáveis, mesmo que divergentes.[187]

Outrossim, conforme previsão do inciso VII do artigo 485 do CPC, caberá rescisória quando, depois da sentença, o autor obtiver documento novo, cuja existência ignorava, ou de que não pôde fazer uso, capaz, por si só, de lhe assegurar pronunciamento favorável.

Nessa ordem de ideias, na dicção de Barbosa Moreira, "é documento novo todo aquele cujo conhecimento de existência e (ou) acesso só se vem a obter depois de julgada a apelação".[188]

Isso não significa que ele, sozinho, tenha de propiciar outro resultado. Como nota Pontes de Miranda, é possível que o "docu-

---

[186] RÊGO, Bruno Noura de Moraes. *Ação Rescisória e a Retroatividade das Decisões de Controle de Constitucionalidade das Leis no Brasil*. Porto Alegre: SAFE, 2001, p. 66.

[187] PONTES DE MIRANDA, Francisco Cavalcanti. *Comentários* (...), p. 270.

[188] BARBOSA MOREIRA, José Carlos. *Comentários* (...), p. 138-139.

mento novo", uma vez conjugado com outros elementos que já figuravam no processo, mas que por si sós eram insuficientes, permita a formação de novo juízo sobre os fatos; ou, ainda, que se apresente não apenas um, mas uma pluralidade de "documentos novos" que, integrados, propiciem o resultado mais favorável.[189]

O exemplo clássico da hipótese em comento é a ação de investigação de paternidade cuja sentença, revestida da autoridade da coisa julgada, declara a existência ou não da relação de filiação, e em momento posterior, um exame de DNA, prova pericial antes impossível do ponto de vista científico, vem demonstrar o contrário. Tal situação é objeto de acirrada divergência no tocante a possibilidade de relativização do instituto da coisa julgada material. A divergência cinge-se à possível interpretação extensiva do conceito legal de "documento novo", de modo a abranger qualquer meio de prova objetivamente inacessível ou não cogitável na época do processo, ou mesmo para compreender também pronunciamentos judiciais emitidos posteriormente, em outra sede, como por exemplo, nas sentenças emitidas pela Corte Interamericana de Direitos Humanos.

De qualquer sorte, os legitimados para o ajuizamento da ação rescisória, conforme previsão do artigo 487 do Código de Processo Civil, são (a) aquele que foi parte no processo ou seu sucessor, (b) o terceiro juridicamente interessado e (c) o Ministério Público.

O prazo para sua propositura é de dois anos a partir do trânsito em julgado da decisão rescindenda (artigo 495 do CPC).[190]

Do exame da interpretação e aplicação das hipóteses de cabimento da ação rescisória, é possível notar, na jurisprudência e na doutrina, progressiva conscientização sobre a necessidade de ponderação dos valores. Há o reconhecimento de que a segurança jurídica, representada pela coisa julgada, deve ser balanceada com os outros fatores envolvidos, tais como justiça, isonomia etc.

Desses dados, segundo Eduardo Talamini extraem-se duas considerações relevantes para o tema da "relativização" da coisa jul-

---

[189] PONTES DE MIRANDA, Francisco Cavalcanti. *Tratado da Ação Rescisória da Sentença e de Outras Decisões*. 5ª ed. Rio de Janeiro: Forense, 1976, p. 326.

[190] Por meio das Medidas Provisórias 1.577/97 e 1.658/98 buscou-se ampliar o prazo para interposição de ação rescisória pela Fazenda Pública (MP 1.577, com a simples atribuição de prazo de cinco anos em favor do Poder Público; na MP 1.658, mediante modificação parcial da redação do artigo 188 do CPC, de modo a dobrar o prazo do artigo 495 em favor do Poder Público). No entanto, o STF, em decisão de seu Plenário, suspendeu liminarmente essas regras, por considerá-las ofensivas ao princípio constitucional da isonomia, além de envolverem matéria que não poderia ser considerada de regulamentação "urgente" (STF. Tribunal Pleno. Ação Direta de Inconstitucionalidade nº 1.753, j. 16.04.1998; Ação Direta de Inconstitucionalidade nº 1.910, j. 22.04.1999, ambas relatadas pelo Senhor Ministro Sepúlveda Pertence).

gada: (a) a amplitude e a flexibilidade já existentes não têm gerado resultados danosos ao sistema, ou seja, não constituem corrosão da segurança jurídica nem do Estado de Direito; (b) qualquer proposta de "relativização" que se pretenda fazer há de considerar o regime rescisório já existente, tomando-o como ponto de partida, porquanto não faria qualquer sentido, nem seria legítima, proposição que ignorasse as possibilidades de rescisão já consolidadas, ou que sugerisse meios atípicos de quebra sistematicamente incompatíveis com o instrumental rescisório já disponível.[191]

Efetivamente, o enunciado da lei não se confunde com a norma jurídica, que é o resultado da interpretação. O juiz deve ler o texto legal em face da sociedade em que vive, adequando-o às novas realidades. Ao interpretar o texto o julgador chega a um resultado, que nada mais é do que a norma jurídica aplicável ao caso concreto. Nessa perspectiva, se o texto da norma pode envelhecer, ele deve ser reavivado através da (re)interpretação judicial, que estabelece a regra jurídica do caso. Desse modo, a normatividade deve ser vista como um *processo*, não como uma *qualidade* do texto.

3.4.2. Ação rescisória e Constituição

Como visto, o legislador brasileiro adotou a dicotomia entre os recursos e a ação autônoma para impugnar a sentença. Todavia, a diferença marcante entre ambas é justamente o fato de que nos recursos ocorre uma impugnação dentro dos mesmos autos, não deixando que acarrete a produção da coisa julgada; enquanto que a ação autônoma contraria sentença em processo diverso e já protegido pela coisa julgada.

Em que pese o legislador ter conferido à coisa julgada relevante *status* constitucional, incluindo-a precisamente no capítulo dos direitos e garantias fundamentais, não significa que lhe reveste de caráter absoluto.

As hipóteses de cabimento da ação rescisória demonstram a nítida e clara exceção ao princípio constitucional da proteção à coisa julgada. Constituem hipóteses em que o legislador excetuou o princípio da segurança, fazendo afastar sentenças absurdas e teratológicas.

---
[191] TALAMINI, Eduardo. *Coisa* (...), p. 195.

Nestes termos, Pontes de Miranda defende a importância da proteção da ação rescisória como exceção da coisa julgada, lecionando que:

> Não se trata de um meio jurídico que julgue a prestação jurisdicional apenas apresentada, como os recursos, e sim remédio jurídico para exame da prestação jurisdicional já entregue em casos que mais interessam à ordem social que ao direito das partes.[192]

Respaldando idêntica exegese, o Supremo Tribunal Federal se posicionou no sentido de que a ação rescisória deve ser vista como instrumento de segurança jurídica. Neste sentido, vale transcrever o posicionamento do Ministro Moreira Alves

> (...) em se tratando de decadência do direito material à rescisão da sentença transitada em julgado que se entende viciada, esse direito potestativo não tem em si mesmo natureza de direito patrimonial, mas foi criado pela lei para a defesa da segurança jurídica, razão por que está subtraído à disponibilidade da alegação do réu, não se lhe aplicando, portanto, a proibição da parte inicial do § 5º do artigo 219 do Código de Processo Civil.[193]

Dessa forma, percebe-se que a ação rescisória é o instrumento que torna a coisa julgada relativa, proporcionando um novo enfoque ao princípio da segurança jurídica. E também, impede que o selo da imutabilidade imprima-se à decisão que contemple grave incoerência com a unidade do sistema.

Em sendo assim, a Constituição da República não deve ser visualizada como mero aparato de palavras enunciadas, mas sim um instrumento normativo de maior hierarquia, que resguarda, além dos direitos e garantias fundamentais de cada cidadão, toda a estrutura de um Estado Democrático de Direito.

3.5. POSIÇÃO DOUTRINÁRIA SOBRE A RELATIVIZAÇÃO

A relativização da coisa julgada movimenta as forças nacionais do processo Civil.

---

[192] PONTES DE MIRANDA, Francisco Cavalcanti. *Tratado da Ação Rescisória da (...)*, p. 90.
[193] STF. Tribunal Pleno. Ação Rescisória 1.323/RS, j. em 03.11.1989, relator o Senhor Ministro Moreira Alves.

No plano doutrinário, tem-se, em um extremo, posições a favor da derrubada do dogma da coisa julgada, e outras, igualmente fundamentadas, em sentido oposto, ou seja, pela sua manutenção.[194]

O debate também ganhou fôlego na jurisprudência, havendo matérias em que a verdade fática, ainda que tardia, vem sendo reconhecida em detrimento daquela representação da realidade assumida como real no bojo de um processo judicial.

Não há como negar que uma longa caminhada se iniciou. Importa saber qual será o seu destino e, principalmente, quais as suas consequências.

Seja qual for o desdobramento da questão, o pano de fundo pouco se altera. De um lado, a segurança jurídica revela-se como valor resguardado pelo trânsito em julgado das decisões emanadas do Poder Judiciário. De outro lado, a igualdade material entre os jurisdicionados, como força oposta, guiada pelo fim último da própria prestação jurisdicional – a justiça. A escolha entre eles, entretanto, não parece nada simples.

O ordenamento jurídico impõe a convivência harmônica daqueles dois valores fundamentais: justiça e segurança jurídica. Caberá ao legislador, num primeiro plano, quando possível, e ao intérprete, na sequência, à luz da hipótese concreta, estabelecer, examinados os pontos de tensão entre eles, as formas de resolução dos conflitos e a prevalência de cada um nos casos concretos.

A segurança jurídica, proveniente de uma relação jurídica, definida pela coisa julgada, pelo ato jurídico perfeito ou pelo direito adquirido, é cláusula pétrea prevista no inciso XXXVI do artigo 5º da Constituição Federal. Trata-se de verdadeiro preceito assegurado como garantia individual do cidadão em face dos outros indivíduos ou do Poder Público.

O mesmo artigo 5º, em seu inciso XXXV, consagra cláusula pétrea da garantia de acesso à justiça, ao estabelecer que a lei não excluirá da apreciação do Poder Judiciário, ameaça de lesão ou lesão de direito. Esse princípio, em outras palavras, consubstancia o direito à tutela jurisdicional, por meio das decisões judiciais, quando provocado o Poder Judiciário.

Em um primeiro momento, caso uma sentença transitada em julgado não aplicasse a lei ou a constituição de maneira correta, materializando a injustiça, haveria uma contradição entre a quebra da

---

[194] As orientações existentes em ambos os sentidos serão oportunamente aprofundadas no decorrer do capítulo.

segurança jurídica representada pela coisa julgada e a prolação de uma nova sentença que viesse a aplicar corretamente o direito.

É verdade que o Estado Democrático de Direito não tem intenção de prestigiar uma injustiça decorrente de errônea interpretação do direito sob o manto da segurança jurídica. Contudo, é preciso conferir algum grau de estabilidade às decisões emanadas do Poder Judiciário, sob pena de eternização da incerteza sobre o resultado dos conflitos de interesses. Por isso, a lei estabelece com precisão os requisitos e condições para a relativização da coisa julgada.

Atualmente, duas são as hipóteses em que se discute a proposta de relativização da coisa julgada: a primeira gira em torno da possibilidade de relativização da coisa julgada material, independentemente do uso da ação rescisória, ou seja, em casos de injustiça vista como inaceitável. E a segunda se refere à chamada coisa julgada inconstitucional, expressão considerada inadequada, uma vez que seria o provimento judicial (sentença *lato sensu*) incompatível com a Constituição, e o seu caráter de imutabilidade.[195]

Oportuno esclarecer os caminhos existentes a quem queira sustentar a possibilidade de reapreciação da matéria, desconsiderando a coisa julgada como óbice para tal procedimento. O primeiro caminho consistiria em negar a própria existência da coisa julgada material, que sequer seria formada, ante a preclusão total das vias utilizáveis para novo exame no mesmo processo. Outro caminho seria reconhecer a existência da coisa julgada material, porém, em face de algum vício grave, negar imutabilidade à sentença.[196]

A problemática encontra-se intimamente ligada ao princípio da segurança dos atos jurisdicionais. Mais uma vez, apresenta-se precisamente a tensão existente entre a justiça e a segurança.

Há quem reconheça que, atualmente, ainda não existiriam condições de disciplinar um processo capaz de sempre conduzir a um resultado justo, motivo pelo qual a falta de critérios seguros e racionais para se relativizar a coisa julgada importaria na sua desconsideração, estabelecendo um estado de grande incerteza jurídica e injustiça.[197]

---

[195] BARBOSA MOREIRA, José Carlos. Considerações sobre a chamada Relativização da Coisa Julgada Material. In: *Revista Dialética de Direito Processual*, nº 22. São Paulo: Dialética, 2005, p. 91-111.

[196] LIEBMAN, Enrico Tullio. Manual de Direito Processual Civil, v. I. Rio de Janeiro: Forense, 1984, p. 422.

[197] MARINONI, Luiz Guilherme. Relativizar a coisa julgada material? In: *Revista dos Tribunais*, nº 830. São Paulo: RT, 2004, p. 55-73.

Tal desconsideração geraria uma situação insustentável, magistralmente representada no já aludido questionamento de Socrátes, reportado por Gustav Radbruch.[198]

Neste sentido, Cândido Rangel Dinamarco, em ensaio acerca do assunto, estabelece que

> (...) o valor da segurança das relações jurídicas não é absoluto no sistema, nem o é, portanto, a garantia da coisa julgada, porque ambos devem conviver com outro valor de primeiríssima grandeza, que é o da justiça das decisões judiciárias, constitucionalmente prometidas mediante a garantia do acesso à justiça (Constituição Federal, art. 5º, inciso XXXV). (...) Não é legítimo eternizar injustiças a pretexto de evitar a eternização de incertezas. (...) Conclui-se que é inconstitucional a leitura clássica da garantia da coisa julgada, ou seja, sua leitura com a crença de que ela fosse algo absoluto e, como era hábito dizer, capaz de fazer do preto, branco, e do quadrado, redondo.[199]

Adotando o mesmo entendimento, José Augusto Delgado externou sua posição, sustentando:

> Há, portanto, com influência dessas novas idéias, que se meditar sobre o alcance da coisa julgada quando atua em atrito com os princípios da moralidade, da legalidade e da realidade impostos pela natureza das coisas e das relações humanas e com os princípios postos na Constituição Federal. (...) A coisa julgada é uma entidade definida e regrada pelo direito formal, via instrumental, que não pode se sobrepor aos princípios da legalidade, da moralidade, da realidade dos fatos, das condições impostas pela natureza ao homem e às regras postas na Constituição. (...) [que] estão acima do valor segurança jurídica. (...) A carga imperativa da sentença pode ser revista, em qualquer tempo, quando eivada de vícios graves e produza conseqüências que alterem o estado natural das coisas, que estipule obrigações para o estado ou para o cidadão ou para pessoas jurídicas que não sejam amparadas pelo direito.[200]

Para reforçar a tese da relativização da coisa julgada, são invocados três princípios: o da instrumentalidade, o da legalidade e o da proporcionalidade.

No exame do princípio da instrumentalidade, destaca-se a ideia de que o processo somente teria sentido quando o julgamento estivesse pautado pelos ideais de justiça e adequado à realidade. Em relação ao princípio da legalidade, não seria possível conferir a proteção da coisa julgada a uma sentença alheia ao direito positivo, uma vez que o poder do Estado deveria ser exercido nos limites determinados

---

[198] "Crês, porventura, que um Estado possa subsistir e deixar de se afundar, se as sentenças proferidas nos seus tribunais não tiverem valor algum e puderem ser invalidadas e tornadas inúteis pelos indivíduos?" (RADBRUCH, Gustav. *Op. cit.*, p. 184).

[199] DINAMARCO, Cândido Rangel. *Relativizar (...)*, p. 8-9.

[200] DELGADO, José Augusto. *Efeitos (...)*, p. 32-34 e 45.

pela lei. Por fim, relativamente ao princípio da proporcionalidade, o instituto da coisa julgada, valor protegido constitucionalmente, não poderia prevalecer sobre outros do mesmo grau hierárquico, portanto, a coisa julgada poderia ceder em detrimento de outro valor.

Desta forma, o que efetivamente está em debate é o equilíbrio das relações jurídicas, representado de um lado pela justiça concreta e de outro pela segurança jurídica decorrente da lei, ainda que às custas de uma eventual e aparente injustiça individual.[201]

Para esta corrente, a coisa julgada material, por ser uma regra estabelecida pelo direito formal, não deveria prevalecer em relação aos princípios referidos, bem como às regras postas na Constituição.

Portanto, tais valores absolutos, cujos objetivos seriam a justiça no caso concreto, estariam acima do valor segurança jurídica, sugerindo, assim, a possibilidade de relativização da coisa julgada material.

Por fim, duas seriam as razões que impossibilitariam o condicionamento da força da coisa julgada: a primeira seria em relação à produção de injustiça no caso concreto; a segunda residiria em estabelecer como pressuposto para sua desconsideração que essa injustiça fosse grave ou séria.

Em outro sentido, parte da doutrina enfatiza a importância da coisa julgada material. Assim, se a definitividade atribuída à coisa julgada pode, em determinados casos, produzir situações indesejáveis ao próprio sistema, não é correto pensar que, em razão disso, ela simplesmente possa ser desconsiderada, superada sem qualquer óbice.

Como afirma Vivian Josete Pantaleão Caminha:

> (...) a coisa julgada está atrelada à definitividade da prestação jurisdicional, e a sua adoção em um ou outro caso atende a critérios pragmáticos (e não aprioristicos) de política judiciária. (...) A prestação jurisdicional deve se esgotar no momento em que resolvida a controvérsia, e a renovação da demanda, ou a possibilidade de sua rediscussão, importaria na indefinitividade do litígio, em detrimento da estabilidade e certeza das relações jurídicas, quando a segurança jurídica revela-se indispensável para a plena fruição do bem da vida alcançada pela decisão judicial.[202]

---

[201] PORTO, Sérgio Gilberto. Cidadania processual e relativização da coisa julgada. In: *Revista Jurídica*, n° 304. Porto Alegre: Notadez, 2003, p. 23-31.

[202] CAMINHA, Vivian Josete Pantaleão. *Coisa Julgada civil:* conceito e fundamentos. In: OLIVEIRA, Carlos Alberto Álvaro de (Org.). *Elementos para uma nova teoria geral do processo.* Porto Alegre: Livraria do Advogado, 1997, p. 218-219.

Vicente Grecco Filho ensina que o "fundamento da coisa julgada material" constitui-se na necessária estabilidade das relações jurídicas. A imutabilidade das decisões e o consequente grau de certeza daí decorrente traduz-se indispensável, justificando eventual decisão injusta como opção à perpetuação dos litígios.[203]

Para os adeptos dessa corrente, a coisa julgada material é atributo indispensável ao Estado Democrático de Direito e à efetividade do direito fundamental de acesso ao Poder Judiciário. Ou seja, de nada adianta falar em direito de acesso à justiça sem dar ao cidadão, o direito de ver o seu conflito solucionado definitivamente. Por isso, se a definitividade inerente à coisa julgada pode, em alguns casos, produzir situações indesejáveis ao próprio sistema, não é correto imaginar que, em razão disso, ela simplesmente possa ser desconsiderada.[204]

Diante disso, o legislador estabeleceu as hipóteses em que a coisa julgada poderia ser rescindida, considerando determinadas situações anômalas à jurisdição, não eliminando, contudo, a garantia de indiscutibilidade e imutabilidade, inerentes ao poder estabelecido para dar solução aos conflitos, como também imprescindível à efetividade do direito de acesso aos tribunais, à segurança e à estabilidade da vida das pessoas.

Em relação a esta questão, observou Araken de Assis:

> Tornou-se corriqueiro afirmar que a eficácia da coisa julgada cederá passo, independentemente do emprego da ação rescisória ou da observância do prazo previsto no art. 485, em algumas hipóteses. (...) Aberta a janela, sob o pretexto de observar equivalentes princípios da carta política, comprometidos pela indiscutibilidade do provimento judicial, não se revela difícil prever que todas as portas se escancararão às iniciativas do vencido. O vírus do relativismo contaminará, fatalmente, todo o sistema judiciário. (...) A simples possibilidade de êxito do intento revisionista, sem as peias da rescisória, multiplicará os litígios, nos quais o órgão judiciário de primeiro grau decidirá, preliminarmente, se obedece, ou não, ao pronunciamento transitado em julgado do seu tribunal e até, conforme o caso, do Supremo Tribunal Federal. Tudo, naturalmente, justificado pelo respeito obsequioso à Constituição e baseado na volúvel livre convicção do magistrado inferior(...). Parece pouco provável que as vantagens da justiça do caso concreto se sobreponham às desvantagens da insegurança geral.[205]

---

[203] GRECCO FILHO, Vicente. *Op. cit.*, p. 242.

[204] MARINONI, Luiz Guilherme. O Princípio da Segurança dos Atos Jurisdicionais: A Questão da Relativização da Coisa Julgada Material). In: *Revista Jurídica*, nº 317. Rio de Janeiro-Porto Alegre: Notadez, 2004, p. 16-17.

[205] ASSIS, Araken de. *Op. cit.*, p. 199 e 216.

Com efeito, o que absolutamente não pode prevalecer é a ideia de que qualquer juiz ou tribunal possa desrespeitar a coisa julgada decorrente de decisão proferida por outro órgão judiciário, de igual ou superior hierarquia, a pretexto de sua nulidade ou erronia.[206]

Sérgio Gilberto Porto, por sua vez, refere:

> Se, porventura, situações concretas estão a desafiar o senso de justiça dos mais renomados juristas, em face da presença de vícios tidos por inconvalidáveis nas decisões jurisdicionais, definidos estes com maestria por José Maria Rosa Tesheiner como transrescisórios, não se pode, em face disso, propor o caos jurídico, mas sim, como boa medida de razoabilidade, aparelhar a ordem jurídica com instrumentos hábeis ao enfrentamento desta realidade, mantendo-se a estabilidade das decisões jurisdicionais e, por decorrência, a segurança jurídica necessária à convivência social.[207]

A corrente dos doutrinadores que recusam a possibilidade de se quebrar a coisa julgada senão mediante o emprego dos instrumentos que própria lei estabeleça para tanto, enfatizam o valor constitucional da garantia da coisa julgada. Ressaltam que o instituto recebeu expressa e direta tutela da constituição – de modo que não pode ser tratado como simples mecanismo processual infraconstitucional.

Diante de tais considerações, o que se extrai do entendimento desta corrente é a valorização da segurança jurídica, a estabilização das relações sociais, em detrimento de eventuais injustiças no âmbito individual, ou seja, prepondera o interesse coletivo ante o individual.

É certo que a questão atinente à possibilidade de relativização da coisa julgada é de grande importância tanto para o direito processual civil brasileiro, como para a sociedade em geral, tendo em vista o valor atribuído ao referido instituto e a crescente busca pela efetividade da prestação jurisdicional.

Por tudo isso, o momento atual é extremamente oportuno para estimular o debate em torno de questão tão controvertida no direito processual civil brasileiro.

---

[206] TESHEINER, José Maria Rosa. Relativização da coisa julgada. In: *Revista do Ministério Público do Estado do Rio Grande do Sul*, n° 47, 2002, p. 114.

[207] PORTO, Sérgio Gilberto. *Cidadania* (...), p. 23-31.

4. Oposição à execução fundada em título inconstitucional

Em passado recente, a Medida Provisória nº 2.180-35/01 introduziu parágrafo único ao artigo 741 do CPC, com objetivo de aliviar a tensão existente entre a proteção da coisa julgada e os princípios da igualdade e da supremacia da Constituição, naquelas causas em que a decisão transitada em julgado esteja em desarmonia com as demais prescrições da Carta Constitucional, visando a prestigiar a interpretação harmônica dos direitos fundamentais e princípios basilares da Lei Maior.

Com efeito, a tutela de direitos fundamentais constitui condição inerente ao Estado Democrático de Direito, consubstanciando, inclusive, parâmetro para a verificação do grau de democracia de uma sociedade.

Dessa forma, nas sociedades democráticas, tais direitos são concebidos como normas constitucionais, porquanto apenas desse modo estarão colocados no lugar mais alto das fontes de direito, operando maior efetividade.

O legislador pátrio buscou criar uma solução para o problema da coisa julgada fundada em norma declarada inconstitucional, objetivando preservar o princípio da legalidade constitucional. Para alcançar esse desiderato, inseriu-se o § 1º do artigo 475-L e o parágrafo único ao artigo 741 do CPC, possibilitando a desconstituição de títulos judiciais fundamentados em aplicação de norma ou ato normativo, ou respectiva interpretação ou aplicação específica, reconhecida como inconstitucional pelo Pretório Excelso.

Antes do advento da Lei 11.232/05, pôs-se a séria questão da (in)constitucionalidade formal da inovação, por haver sido veiculada através de medida provisória, considerando que a Emenda Constitucional nº 32, que lhe é posterior, veiculou expressa proibição de medidas provisórias versarem sobre matéria processual (artigo 62, § 1º, I, *b*, da Constituição Federal).

A inovação legislativa – inaugurada via medida provisória – trouxera polêmica tanto na doutrina quanto na jurisprudência.

Na doutrina, houve autores que a criticam de forma veemente, como Nelson Néri Júnior e Rosa Maria de Andrade Nery, Dalton Luiz Dallazem, José Ignácio Botelho de Mesquita, dentre outros. Consideraram-na inconstitucional, por ofensa ao princípio da coisa julgada,[208] que, no seu entendimento, estaria em posição hierárquica mais elevada do que outros princípios constitucionais, inclusive o da supremacia da Constituição.

Outros autores, tais quais Humberto Theodoro Júnior, contudo, dando máxima prevalência ao princípio da supremacia da Constituição, reputaram insuscetível de execução qualquer sentença tida por inconstitucional, independentemente do modo como tal inconstitucionalidade se apresentava ou da existência de pronunciamento do STF a respeito, seja pelo controle difuso, seja em controle concentrado.

Os argumentos dos que defendiam aquela essa concepção podem ser assim resumidos, segundo a lição de Humberto Theodoro Júnior:

> (...) a inconstitucionalidade não é fruto da declaração direta em ação constitutiva especial, decorre da simples desconformidade do ato estatal com a Constituição. O STF apenas reconhece abstratamente e com efeito *erga omnes* na ação direta especial. Sem essa declaração, contudo, a invalidade do ato já existe e se impõe a reconhecimento do judiciário a qualquer tempo e em qualquer processo onde se pretenda extrair-lhe os efeitos incompatíveis com a carta Magna. A manter-se a restrição proposta, a coisa julgada, quando não for manejável a ação direta, estará posta em plano superior ao da própria Constituição, ou seja a sentença dispondo conta o preceito magno afastará a soberania da Constituição e submeterá o litigante a um ato de autoridade cujo respaldo único é a *res judicata*, mesmo que em desacordo com o preceito constitucional pertinente. A ação direta junto ao STF jamais foi única via para evitar os inconvenientes da inconstitucionalidade. No sistema de controle difuso vigorante no Brasil, todo juiz ao decidir qualquer processo se vê investido no poder de controlar a constitucionalidade da norma ou ato cujo cumprimento se postula em juízo. No bojo dos embargos à execução, portanto, o juiz, mesmo sem prévio pronunciamento do Supremo Tribunal Federal, está credenciado a recusar execução à

---

[208] NERY JÚNIOR, Nelson; NERY, Rosa Maria de Andrade. *Código de Processo Civil Comentado*: e Legislação Processual Extravagante. 7ª ed. rev. e ampl., São Paulo: RT, 2003, p. 1.084; DALLAZEM, Dalton Luiz. Execução de Título Judicial Fundado em Lei ou Ato Normativo Declarados Inconstitucionais pelo STF. In: *Revista Dialética de Direito Processual*, nº 14, 2004, p. 14-21; MESQUITA, José Ignácio Botelho de. *Coisa Julgada*. Rio de Janeiro: Forense, 2004, p. 89-123.

sentença que contraria preceito constitucional, ainda que o trânsito em julgado já se tenha verificado.[209]

O professor José Carlos Barbosa Moreira, em crítica ao posicionamento de Humberto Theodoro Júnior, assim exemplificara:

> Suponhamos que um juiz esteja convencido da incompatibilidade entre certa sentença e a Constituição, ou da existência, naquela, de injustiça intolerável, se considere autorizado a decidir em sentido contrário. Fatalmente sua própria sentença ficará sujeita à crítica da parte agora vencida, a qual não deixará de considerá-la, por sua vez, inconstitucional ou intoleravelmente injusta. Pergunta-se: que impedirá esse litigante de imputar em juízo a segunda sentença, e outro juiz achar possível submetê-la ao crivo de seu próprio entendimento? O óbice concebível seria o da coisa julgada; mas, se ele pode ser afastado em relação à primeira sentença, porque não poderá sê-lo em relação à segunda?[210]

De qualquer sorte, a divergência fora superada pela posterior edição da Lei 11.232/2005, que consolida a hipótese de desconstituição da coisa julgada quando incompatível com declaração de inconstitucionalidade proferida pelo Supremo Tribunal Federal.

A análise do contexto de aplicação da aludida norma não dispensa que se examine a sistemática prevista no ordenamento pátrio para o controle de constitucionalidade das leis e atos normativos.

4.1. CONTROLE DE CONSTITUCIONALIDADE DAS LEIS: LIMITES E EFEITOS

O controle de constitucionalidade está ligado à Supremacia da Constituição sobre todo o ordenamento jurídico e, também, à rigidez constitucional e à proteção dos direitos fundamentais.

A existência de escalonamento normativo constitui pressuposto necessário para a supremacia constitucional, pois, ocupando a Carta Constitucional o topo da hierarquia do sistema normativo, é nela que o legislador encontrará a forma de elaboração legislativa e o seu conteúdo.

Sobre a importância da supremacia constitucional no Estado Democrático de Direito moderno, preleciona Cappelletti:

---

[209] THEODORO JÚNIOR, Humberto. A Reforma do Processo de Execução e o Problema da Coisa Julgada Inconstitucional. In: *Revista Brasileira de Estudos Políticos*, nº 89, Belo Horizonte, 2004, p. 94-95.

[210] BARBOSA MOREIRA, José Carlos. *Considerações* (...), p. 108-109.

O nascimento e expansão dos sistemas de justiça constitucional após a Segunda Guerra Mundial foi um dos fenômenos de maior relevância na evolução de inúmeros países europeus.[211]

O controle de constitucionalidade configura-se como garantia da supremacia dos direitos e garantias fundamentais previstos na Constituição, que, além de configurarem limites ao poder do Estado, são também uma parte de sua própria legitimação, determinando seus deveres e tornando viável o processo democrático.

Em nosso país, da República ao vigente ordenamento constitucional, o controle de constitucionalidade passou por inúmeras modificações, eis que saiu do modelo exclusivamente difuso para um modelo misto, em que se fez incluir um controle concentrado exercido diretamente pelo Supremo Tribunal Federal, conjugado ao controle difuso exercido por todos os órgãos do Poder Judiciário, no exercício das suas jurisdições respectivas.

Para compreender adequadamente o momento constitucional vivenciado, relativamente ao controle de constitucionalidade, é imprescindível gizar a cronologia dos sistemas controladores, levando-se em conta dois períodos: o anterior e o posterior à atual Constituição.

O controle difuso da constitucionalidade corresponde a uma tradição republicana que atravessa os séculos, iniciado, no Brasil, pela Constituição de 1891, encontrando em Rui Barbosa um dos seus maiores defensores.

À época em que implementado o aludido controle, almejou-se, por meio da criação de um tribunal nacional (no caso, o Supremo Tribunal Federal), a edificação de um sistema em que fosse possível estabelecer a última palavra sobre a interpretação da lei vigente para todo o país, incluídas as normas e regras federais, cumulando as funções de julgamento e pacificação das interpretações das leis destinadas à Federação.

Não obstante a inspiração buscada na sistemática americana, aqui as decisões da Corte Suprema não possuíam qualquer efeito *erga omnes*, haja vista que repercutiam apenas sobre o caso concreto solucionado.

A partir da Constituição de 1937, tal sistemática mereceu certo aprimoramento, na medida em que passou a contar com a possibilidade de intervenção do Senado Federal, que, após devidamente

---

[211] CAPPELLETTI, Mauro. *Tribunales Constitucionales Europeos y Derechos Fundamentales*. Madri: Centro de Estúdios Constitucionales, 1984, p. 599.

comunicado pelo Tribunal Superior acerca do julgamento em que se havia declarado a inconstitucionalidade de dada lei, podia editar resolução no sentido de suspender a execução desta.

Assim, enquanto a decisão do Supremo Tribunal Federal gerava efeitos *ex tunc*, mas apenas entre os participantes da ação no âmbito da qual havia sido declarada a inconstitucionalidade, a providência tomada pelo Senado Federal de suspender a execução da lei produzia efeitos *erga omnes*, conquanto *ex nunc*.

Este panorama do controle de constitucionalidade, mantido pela Constituição de 1946, só veio a ser modificado durante a vigência do regime militar. Com efeito, por meio da EC nº 16, de 26.10.1965, implementou-se uma forma de controle concentrado da constitucionalidade das leis mediante a instituição de uma representação de inconstitucionalidade contra lei ou ato de natureza normativa, federal ou estadual, encaminhada pelo Procurador-Geral da República ao Supremo Tribunal Federal, cuja decisão passou a gerar efeitos em relação à coletividade como um todo.

Em 1967, surgiram os atos institucionais que, não obstante a manutenção da via concentrada de controle de constitucionalidade, acabaram por deixar unicamente sob o controle do Poder Executivo a possibilidade de discussão acerca dos temas tratados naqueles diplomas.

Posteriormente, em 1969, passou-se a admitir o controle de constitucionalidade de lei municipal pelos tribunais estaduais, quando da violação de princípios sensíveis, permitindo-se, inclusive, a intervenção dos estados nos seus respectivos municípios.

Sobreveio a Emenda Constitucional nº 7, em 1977, interferindo no controle difuso de constitucionalidade, de sorte a limitar o acesso à Corte Suprema por meio do recurso extraordinário.

Em decorrência da mesma emenda, introduziu-se no Brasil a chamada avocatória, permissiva do deslocamento de causas processadas perante qualquer juízos ou tribunais para o Supremo Tribunal Federal, na hipótese do deferimento de pedido formulado pelo Procurador-Geral da República, sob a justificativa de imediato perigo de grave lesão à ordem, à saúde, à segurança e às finanças públicas, cujo objetivo era a suspensão dos efeitos de decisão já proferida, possibilitando-se, o conhecimento integral da lide pela Corte Suprema.

Por fim, em razão da transição do regime militar para o democrático, por obra da Constituição de 1988, que culminou no vigente ordenamento constitucional, novos ventos sopraram sobre a questão do controle da constitucionalidade das leis.

A Constituição Federal atual manteve o controle misto de constitucionalidade, pois continuou a prever o controle difuso e o concentrado: o primeiro, exercido por todos os órgãos do Poder Judiciário, com a possibilidade de edição de resolução pelo Senado Federal para suspensão da execução da lei declarada inconstitucional por decisão definitiva do Supremo Tribunal Federal, bem como o afastamento da questão da relevância para o processamento do recurso extraordinário; e, o segundo, por meio da ação direta de inconstitucionalidade e da arguição de descumprimento de preceito fundamental, bem como, após a vigência da Emenda Constitucional nº 3/93, da ação declaratória de constitucionalidade.[212]

As novidades implementadas no sistema tanto por obra da referida emenda, como também e principalmente pelas Leis 9.868/1999 e 9.882/1999 – em que pese existência de anterior manifestação do STF sobre os efeitos da decisão proferida em sede de ação declaratória de constitucionalidade, na oportunidade que apreciou a introdução do novo pleito no ordenamento constitucional vigente, a pendência de decisão relativamente às ações diretas de inconstitucionalidade propostas pelo Conselho Federal da Ordem dos Advogados do Brasil, concernente a todos os dispositivos da Lei 9.882/1999 e alguns da lei 9.868/1999[213] (justamente aqueles que se referiam aos efeitos das decisões) –, inequivocamente renovara a discussão da questão, com a benesse de que o tema já se encontrava mais apurado na comunidade jurídica.

4.1.1. Conceitos fundamentais

Numa primeira incursão sobre os efeitos das decisões proferidas no âmbito das ações diretas de inconstitucionalidade, importante aquilatar sua natureza jurídica, ou seja, delimitar se possuem eficácia exclusivamente declaratória ou com alguma carga de constitutividade, isto é, se constitutiva negativa.

---

[212] RAMOS, Paulo Roberto Barbosa. A Filosofia do Controle de Constitucionalidade das Leis na Ordem Jurídica Brasileira Pós-88. In: *Revista de Direito Constitucional e Internacional*, nº 37, p. 184. Consoante assinala o jurista, "Dessa forma, o controle concentrado de constitucionalidade das leis na ordem jurídica brasileira pós-88 assenta-se na filosofia de consolidar a democracia através da materialização imediata dos direitos humanos fundamentais, daí a prioridade de um controle célere e, em tese de constitucionalidade das leis, possível de ser efetuado por vários segmentos da sociedade civil brasileira".

[213] Ações Diretas de Inconstitucionalidade nº 2231-8 e 2258-0.

A posição que tem prevalecido é aquela que propugna pela só admissão da natureza declaratória pura e simples, tanto que é daí que sempre se cogitou do efeito *ex tunc* das decisões do STF que reconhecem a inconstitucionalidade da lei ou ato normativo, que, por tal condição, não poderiam efetivamente produzir efeitos no mundo jurídico.[214]

Entretanto, o que antes parecia claro agora ganha novos contornos.

É que a Lei 9.868/1999, especificamente no § 1º do artigo 11, no que respeita à decisão proferida na medida cautelar, passou a admitir como regra o efeito *ex nunc* e como exceção o efeito retroativo, sem precisar quanto a este último a sua abrangência, isto é, se retroativo até o momento do surgimento da lei ou ato normativo tido como inconstitucional (*ex tunc*) ou levando-se em conta uma menor extensão.

Isso significa dizer que, declarada a inconstitucionalidade da lei ou ato normativo federal ou estadual, a decisão terá efeito retroativo (*ex tunc*) e para todos (*erga omnes*), desfazendo, desde sua origem, o ato declarado inconstitucional, juntamente com todas as consequências dele derivadas, uma vez que os atos inconstitucionais são nulos[215] e, portanto, destituídos de qualquer carga de eficácia jurídica, alcançando inclusive os atos pretéritos praticados com base na lei ou ato inconstitucional (efeitos *ex tunc*).[216]

A mencionada lei, relativamente à decisão definitiva, embora de um modo não muito claro, parece pretender dizer em seu artigo 27 que a regra seria o efeito *ex tunc* (retroatividade absoluta) e a exceção – em que estaria incluído o efeito *ex nunc* – seria a restrição da regra de modo a lhe dar os contornos mais convenientes ao caso analisado, isso quando razões de segurança jurídica ou de excepcional interesse social servirem de justificativa.

---

[214] FLORES, Patrícia Teixeira de Rezende. *Aspectos Processuais da Ação Direta de Inconstitucionalidade de Lei Municipal*. São Paulo: RT, 2002, p. 295-296.

[215] Neste sentido, a jurisprudência do Supremo Tribunal Federal, Gilmar Ferreira Mendes nos aponta que, na Alemanha, a fórmula tradicional explícita que a lei "é inconstitucional e, por isso, nula". Vincula-se, determinada situação – a inconstitucionalidade – à conseqüência jurídica – nulidade. Contra esta posição, Hans Kelsen, para quem os atos institucionais são anuláveis *ex tunc*. (KELSEN, Hans. *Teoria Pura do Direito*. São Paulo: Martins Fontes, 1986, p. 374) e Manoel Gonçalves Ferreira Filho (FERREIRA FILHO, Manoel Gonçalves. *Curso de Direito Constitucional*. 20ª ed. São Paulo: Saraiva, 1990, p. 37).

[216] Observe-se que "a declaração da constitucionalidade ou inconstitucionalidade de lei surte efeitos a partir da publicação da decisão no DJU, ainda que esta não tenha transitado em julgado". (STF. Tribunal Pleno. Reclamação 2.576/SC, j. em 23.06.2004, relatora a Senhora Ministra Ellen Gracie).

Tanto nas decisões definitivas quanto naquelas alusivas à medida cautelar, o *quorum* para a adoção do efeito convencional é o da maioria absoluta dos componentes do Supremo Tribunal Federal (seis Ministros), observando-se a mesma postura determinada pelo artigo 27 quando se afastar da regra para quaisquer das duas decisões, ocasião em que apenas a deliberação por maioria qualificada de dois terços dos Ministros habilitará a adoção dos efeitos excepcionais.

As decisões definitivas de mérito (sejam pela procedência ou pela improcedência) proferidas pelo Supremo Tribunal Federal nas ações declaratórias de constitucionalidade de lei ou ato normativo federal produzirão eficácia contra todos e efeito vinculante, relativamente aos demais órgãos do Poder Judiciário e ao Poder Executivo.

Assim, se a Corte Suprema concluir que a lei ou ato normativo federal é constitucional, então expressamente fará a declaração, julgando procedente a ação, que produzirá efeitos *ex tunc, erga omnes* e vinculantes a todos os órgãos do Poder executivo e aos demais órgãos do Poder Judiciário. Da mesma forma, se considerar improcedente a ação, julgará a inconstitucionalidade da lei ou ato normativo, com os mesmos efeitos.

Poderão ocorrer, ainda, duas outras possibilidades. A primeira ocorrerá quando o Supremo julgar parcialmente procedente a norma, significando, pois, que a declarou constitucional em parte, devendo o restante da norma, declarada inconstitucional, retirar-se do ordenamento jurídico, com efeitos *ex tunc*.

A segunda, quando o Tribunal, julgando procedente a ação, declarar a constitucionalidade da norma, desde que interpretada de determinada maneira – interpretação conforme a Constituição, sem redução de texto – tornando aquela interpretação vinculante para os demais órgãos judiciais e para as autoridades administrativas em geral.

Em relação aos efeitos da decisão da ação declaratória de constitucionalidade, a Lei 9.868/99 estabeleceu as mesmas regras referentes à ação direta de inconstitucionalidade.

Declarada a constitucionalidade de dada lei ou ato normativo federal em ação declaratória de constitucionalidade, não há a possibilidade de nova análise contestatória da matéria, sob a alegação da existência de novos argumentos que ensejariam uma nova interpretação no sentido de sua inconstitucionalidade. O motivo impeditivo dessa nova análise decorre do fato de o Supremo Tribunal Federal, quando analisa concentradamente a constitucionalidade das leis e atos normativos, não estar vinculado a causa de pedir, tendo, pois, cognição plena da matéria, examinando e esgotando todos os seus aspectos constitucionais.[217]

Dessa forma, verifica-se que a deliberação proferida pelo Supremo Tribunal Federal em sede de controle de constitucionalidade – cuja decisão é irrecorrível, salvo oposição de embargos declaratórios – consolida definitivamente a questão da constitucionalidade da lei ou ato discutido, vedando reapreciação da matéria, seja pelo próprio Excelso Pretório, seja por qualquer outro órgão do Poder Público.

4.1.2. Meios de controle de constitucionalidade e inexigibilidade do título inconstitucional

A norma processual inserida no Código de Processo Civil refere ao "título judicial fundado em lei ou ato normativo declarados inconstitucionais pelo Supremo Tribunal Federal ou em aplicação ou interpretação tidas pelo Supremo Tribunal Federal por incompatíveis com a Constituição Federal".

A discussão maior gira em torno de estabelecer se a disposição contida nos artigos 475-L, § 1º, e 741, parágrafo único, do CPC, ofendem a regra do artigo 5º, XXXVI, da Constituição Federal, por mitigarem a indiscutibilidade da decisão judicial coberta pelos efeitos da coisa julgada. Ou, diversamente, se a norma do inciso acima cuida apenas de direito intertemporal, de modo que não haveria qualquer mácula no ato normativo infraconstitucional que crie novas hipóteses de rescindibilidade ou que sujeite a sentença transitada em julgado a outras formas autônomas de impugnação.

Uma parte da doutrina entende que a disposição contida não ofende a regra do inciso XXXVI, mas apenas impede que uma nova lei retroaja, vulnerando o comando emergente de uma sentença coberta pelos efeitos da coisa julgada. Ou seja, se em determinado processo proferiu-se uma decisão que vem a transitar em julgado, não se poderá reabrir a discussão com base no fato de ter surgido nova regra legal a respeito daquele tema.

Contudo, releva considerar que o dispositivo constitucional não impede que sejam criadas normas infraconstitucionais disciplinando a coisa julgada e criando hipóteses para excepcioná-la, como faz a lei processual civil nos casos de rescindibilidade tipificados

---

[217] STF, Agravo de Instrumento 174.811/RS, j. em 17.04.1996, relator o Senhor Ministro Ministro Moreira Alves.

no artigo 485. E a regra do § 1º do artigo 475-L e parágrafo único do artigo 741 do CPC vem criar exceção ao efeito preclusivo da coisa julgada, permitindo-se alegar, em embargos e/ou impugnação, a inexigibilidade do título executivo judicial por estar o mesmo fundado em norma declarada inconstitucional.

Neste sentido, Cândido Rangel Dinamarco,[218] Humberto Theodoro Júnior e Juliana Cordeiro de Faria,[219] José Augusto Delgado[220] e Teresa Arruda Alvim Wambier e José Miguel Garcia Medina,[221] dentre outros.

O argumento dos juristas contrários, dentre os quais, José Carlos Barbosa Moreira,[222] Araken de Assis,[223] José Maria Rosa Tesheiner,[224] Sérgio Gilberto Porto,[225] Ovídio Baptista da Silva,[226] em linhas gerais, é quase sempre o mesmo: a garantia da coisa julgada é algo intrínseco ao princípio da segurança jurídica e, consequentemente, ao Estado Democrático de Direito, não podendo ser desconsiderada senão nos restritos casos em que o próprio ordenamento jurídico admite.

Como visto, a interpretação da regra causa larga controvérsia. A questão da amplitude do controle de constitucionalidade não foi enfrentada pelos aludidos dispositivos. Como o sentido da regra é desconstituir a coisa julgada inconstitucional, somente por meio da ponderação de valores constitucionais envolvidos no caso concreto chegar-se-á em uma decisão justa, porquanto o embate entre segurança jurídica e justiça, por certo, é um conflito jusprincipiológico.[227]

---

[218] DINAMARCO, Cândido Rangel. Relativização da Coisa Julgada Material. In: *Revista da Associação dos Juízes do Estado do Rio Grande do Sul*, nº 83. Porto Alegre: AJURIS, 2001, p. 33-34.

[219] THEODORO JÚNIOR, Humberto; FARIA, Juliana Cordeiro de. A Coisa Julgada Inconstitucional e os Instrumentos Processuais para seu Controle. In: NASCIMENTO, Carlos Valder do (Coord.). *Coisa Julgada Inconstitucional*. 4ª ed. Rio de Janeiro: América Jurídica, 2003, p. 69-112.

[220] DELGADO, José Augusto. *Pontos Polêmicos (...)*, p. 9.

[221] WAMBIER, Teresa Arruda Alvim; MEDINA, José Miguel Garcia. *Op. cit.*, p. 221.

[222] BARBOSA MOREIRA, José Carlos. *Considerações (...)*, p. 27-28.

[223] ASSIS, Araken de. *Eficácia (...)* p. 189-202.

[224] TESHEINER, José Maria Rosa. *Relativização (...)*, p. 104-114.

[225] PORTO, Sérgio Gilberto. *Coisa (...)*, p. 125-141.

[226] SILVA, Ovídio Araújo Baptista da. *Coisa Julgada Relativa?* Disponível em <http://www.baptistadasilva.com.br/artigos002.htm>. Acesso em 08 jun. 2007.

[227] Alguém pode, inadvertidamente, criticar o uso da expressão, afirmando que a "justiça" não seria exatamente um princípio jurídico, mas um valor a ser perseguido pelo Estado Democrático de Direito. Todavia, como bem destaca Ronald Dworkin, o termo "princípio" é usado de forma genérica, para designar todo um conjunto de valores e padrões que não são "regras". (DWORKIN, Ronald. *Op. cit.*, p. 35-36).

O instituto da coisa julgada não trata apenas dos limites à retroatividade de leis, mas das garantias fundamentais vinculadas ao princípio geral da segurança jurídica, prevista expressamente no rol dos direitos e garantias fundamentais.

Na atual fase do pós-positivismo jurídico, as regras e os princípios são, em consonância com a moderna doutrina, espécies do gênero norma jurídica.

Nesse sentido, a doutrina de Willis Santiago Guerra Filho:

> Já se torna cada vez mais difundido entre nós esse avanço fundamental da teoria do direito contemporânea, que, em uma fase pós-positivista, com a superação dialética entre o positivismo e o jusnaturalismo, distingue normas jurídicas que são regras, em cuja estrutura lógico-deôntica há a descrição de uma hipótese fática e a previsão da conseqüência jurídica de sua ocorrência, daquelas que são princípios, por não trazerem semelhante descrição de situações jurídicas, mas sim a prescrição de um valor que assim adquire validade jurídica objetiva, ou seja, em uma palavra positividade.[228]

Para dirimir um conflito jusprincipiológico aplica-se a técnica da "concordância prática" (ou harmonização), que consiste, grosso modo, na realização de uma redução proporcional do âmbito de alcance de cada princípio, preponderando aquele de maior peso.[229]

O conflito entre princípios, portanto, não exclui a vigência de um deles, mas apenas dá ensejo a um processo de ponderação de valores e metas ditados pelos princípios em questão, visando à máxima realização de ambos.[230]

São, portanto, critérios materiais – e não formais – que acarretarão a não aplicação de um determinado princípio no caso concreto. E nesta tarefa sobressai a fundamental relevância do princípio da proporcionalidade. Cabe aos julgadores, pois, a mediação judicativo-decisória dos princípios jurídicos e ponderação, a fim de se chegar a uma resolução justa dos litígios.[231]

A relativização da coisa julgada vem sendo estudada no nosso ordenamento jurídico, a partir de um predicado essencial à tutela jurisdicional: o da justiça das decisões.

É a chamada flexibilização da coisa julgada que parte da premissa que determinados valores constitucionais de ordem substancial,

---

[228] GUERRA FILHO, Willis Santiago. *Processo Constitucional e Direitos Fundamentais*. 2ª ed. São Paulo: Celso Bastos, 2001, p. 52-53.

[229] ALEXY, Robert. *Op. cit.*, p. 162.

[230] HESSE, Konrad. *Op. cit.*, p. 66-67.

[231] CANOTILHO, Joaquim José Gomes. *Op. cit.*, p. 83.

como moralidade, legalidade e justiça devem ser sobrevalorizados em face da coisa julgada, permitindo a revisão de julgados.

Quando ocorre uma colisão de princípios é preciso verificar qual deles possui maior peso diante da circunstância concreta. A solução advém de uma ponderação no plano concreto, em função da qual se verifica que, em determinadas condições, um princípio sobrepõe-se ao outro.

A ponderação trata exatamente das possibilidades fáticas, das quais depende a concretização dos princípios.

O que deve existir, ao contrário da ponderação entre a regra da coisa julgada e outro princípio, é uma ponderação entre o princípio da segurança jurídica e algum outro valor que somente possa ser otimizado na hipótese de quebra da coisa julgada.

A toda evidência, somente se poderá desprezar a coisa julgada quando a sua inconstitucionalidade implicar em violação frontal e grave do princípio da dignidade humana em seus desdobramentos mais imediatos.

Não é, portanto, tosa inconstitucionalidade capaz de justificar a quebra da coisa julgada, mas somente aquela que, no caso concreto, faz contrapor a segurança e valores superiores de justiça.

Na visão mais tolerante, a cisão da coisa julgada, seria defensável se a sua manutenção implicasse, diretamente, agressão aos direitos fundamentais, já que, "lutar pelos direitos fundamentais significa ter como meta a permanente e plena realização do princípio da dignidade da pessoa humana", como ensina Ingo Wolgang Sarlet.[232]

O abrandamento do caso julgado não pode ser irrestrito, mas deve seguir o prodigioso caminho da ponderação de princípios e interesses, sempre com o propósito de preservar o ser humano, em suas últimas dimensões.

A inovação trazida pela possibilidade de oposição à execução do título inconstitucional é mais uma positivação do princípio da proporcionalidade no subsistema processual. É uma técnica criada pelo legislador para o aplicador do direito ponderar bens e valores constitucionais.

Contudo, haverá que se ter cuidado no trato da questão. Por isso, é urgente a necessidade de sistematização, a fim de que o arca-

---

[232] SARLET, Ingo Wolfgang. Os Direitos Fundamentais e sua Eficácia na Ordem Constitucional. In: *Revista da Associação dos Magistrados do Estado do Rio Grande do Sul*, nº 76. Porto Alegre: AJURIS, 1999, p. 382.

bouço jurídico-processual forneça base sustentável para a sua aplicação segura.

4.2. EVOLUÇÃO LEGISLATIVA

4.2.1. Medida Provisória 2.180 e suas reedições

A Medida Provisória 2.180-35/01 acrescentou o parágrafo único ao artigo 741 do CPC, por meio do qual explicitou a coisa julgada inconstitucional como hipótese de inexigibilidade do titulo judicial, *verbis*:

> Para efeito do disposto no inciso II deste artigo, considera-se também inexigível o título judicial fundado em lei ou ato normativo declarados inconstitucionais pelo Supremo Tribunal Federal ou em aplicação ou interpretação tidas por incompatíveis com a Constituição Federal.[233]

Com tal disposição, o direito brasileiro tornou norma expressa o que já se vinha sustentando em sede doutrinária, aproximando-se das legislações mais modernas no trato do controle de constitucionalidade.

Em comentário ao novo parágrafo único do artigo 741 do CPC, Araken de Assis assevera que a sentença transitada em julgado (título executivo judicial) não teria sua inconstitucionalidade livremente pesquisada pelo juiz dos embargos. Para que estes fossem acolhidos e assim acarretassem sua inexequibilidade, impor-se-ia a existência de "pronunciamento definitivo, através de juízo difuso ou concentrado, do Supremo Tribunal Federal".[234]

Na redação originária da norma, porém, tal exegese revela-se excessivamente restritiva e não se compatibiliza com a ideia de inconstitucionalidade. Da desconformidade do ato público, qualquer que seja ele, com a ordem constitucional decorre uma invalidade. O ato apresenta-se nulo, de sorte que, no tempo adequado e em sede própria, essa nulidade poderá ser perquirida e declarada. A coisa julgada não teria, sob aquela lógica, força para afastar a nulidade

---

[233] Idêntica regra foi introduzida também na CLT, artigo 884, § 5º.

[234] ASSIS, Araken de. *Manual do Processo de Execução*. 7ª ed. São Paulo: RT, 2001, p. 1.106. Também para Eduardo Talamini, "é indispensável que a consideração de incompatibilidade funde-se em pronunciamento do STF" (TALAMINI, Eduardo. Embargos à execução de título judicial eivado de constitucionalidade: CPC, artigo 741, parágrafo único. In: *Revista de Processo*, nº 106. São Paulo: RT, 2002, p. 57).

decorrente da contradição estabelecida entre o comando sentencial e mandamento diverso constante da Constituição.[235]

O que se deduz do texto do parágrafo único do art 741 do CPC, na redação conferida pela Medida Provisória 2.180-35/01, é que se torna inquestionável o dever de recusar a execução da sentença quando a norma legal que lhe serviu de funcionamento já tenha sido declarada inconstitucional pelo Supremo Tribunal Federal. Não caberá, portanto, ao juiz dos embargos recusar a interpretação a que chegou a Suprema Corte. A inexigibilidade do crédito exequendo será automática decorrência do pronunciamento de inconstitucionalidade do Supremo Tribunal Federal.

Não havendo, porém, esse dado vinculante, continuaria o juiz dos embargos com o poder natural de reconhecer a inconstitucionalidade da sentença, se esta evidentemente tiver sido dada em contradição com a ordem constitucional. Aliás, o próprio texto do parágrafo único do artigo 741 do CPC aponta para duas situações legitimadoras do reconhecimento da inconstitucionalidade, na espécie: (a) sentença fundada em lei ou ato normativo declarados inconstitucionais pelo Supremo Tribunal Federal; ou (b) sentença que tenha aplicado ou interpretado lei ou ato normativo de forma tida como incompatível com a Constituição Federal.

Na segunda parte do dispositivo em exame, destarte, a inexequibilidade não se reporta a prévio pronunciamento do Supremo Tribunal Federal, mas decorre de constatação feita diretamente pelo juiz dos embargos sobre o teor do título executivo judicial.

Em tal contexto, com ou sem declaração do Supremo Tribunal Federal, encontrando-se a sentença em contraste com algum preceito constitucional, estará o juiz da causa credenciado a reconhecer-lhe a nulidade e a acolher os embargos do devedor para proclamar a inexigibilidade do título exequendo.

É justamente essa invalidade congênita que inspirava a regra legal da oposição à execução de título inconstitucional. Aliás, com ou sem regra explícita, a inexequibilidade da sentença inconstitucional continuaria a prevalecer.

Convém ressaltar, a propósito do aludido dispositivo inserido no CPC, que se trata de inovação legislativa de enorme relevância político-institucional e que não deve ser frustrada em seus fins.

Assim, a denominada coisa julgada inconstitucional, vista sob o ângulo específico da eficácia rescisória, ainda suscitará muitas dúvi-

---

[235] THEODORO JUNIOR, Humberto; FARIA, Juliana Cordeiro de. *Op. cit.*, p. 111-113.

das e demandará esforços da doutrina e, principalmente, da jurisprudência, na tormentosa tarefa de definir o seu real sentido e alcance.

4.2.2. Lei 11.232/2005

Fruto do movimento reformador do Código de Processo Civil,[236] a Lei nº 11.232 estabeleceu a fase de cumprimento das sentenças no processo de conhecimento, e revogou inúmeros dispositivos relativos à execução fundada em título judicial, além de outras providências.

As diversas tentativas de modernizar o processo civil têm se mostrado incapazes de produzir uma transformação significativa em nossa prática judiciária, eis que baseada no paradigma da modernidade. Sem uma mudança de paradigma, continuaremos afastado da solução dos problemas relacionados à efetividade do processo e a realização do Direito.

Nessa linha de pensamento, Ovídio Araújo Baptista da Silva diz que:

> É indispensável, e mais do que indispensável, urgente, formar juristas que não sejam, como agora, técnicos sem princípios, meros intérpretes passivos de textos, em última análise, escravos do poder (...), pois o servilismo judicial frente ao império da lei anula o Poder Judiciário que, em nossas circunstâncias históricas, tornou-se o mais democrático dos três ramos do Poder estatal, já que frente ao momento de crise estrutural e endêmica vivida pelas democracias representativas, o livre acesso ao Poder Judiciário, constitucionalmente garantido, é o espaço mais autêntico para o exercício da verdadeira cidadania.[237]

Por outro lado, o mesmo jurista ressalva,

> Se as mudanças são necessárias, até porque são elas que dão sentido à vida e expressam a busca evolutiva do homem em sua vida em sociedade, não podem acontecer irrefletidamente. Exigem uma profunda reflexão por parte da comunidade jurídica e da sociedade, a fim de que se possa distinguir, de modo sério, de uma parte, as propostas que repousam sobre uma base teórica sólida e que têm a potencialidade de trazer melhoria real ao sistema processual. E de outra, aquelas que são resultado de interesses momentâneos ou que visam satisfazer apenas o primado da

---

[236] Como leciona o professor BARBOSA MOREIRA, "As modificações do Código têm um traço comum evidentíssimo: inspiram-se todas no propósito de tornar mais ágil a marcha do feito, eliminando formalidades supérfluas e simplificando a prática de atos processuais". (BARBOSA MOREIRA. *Os Novos Rumos do Processo Civil Brasileiro*. Temas de Direito Processual, 8ª série, São Paulo: Saraiva, 2004, p. 67-68.

[237] SILVA, Ovídio Araújo Baptista da. *Jurisdição e Execução na Tradição Romano-Canônica*. 2ª ed. São Paulo: RT, 1997, p. 44.

razão instrumental, então aos interesses imediatos do poder econômico e que, em nada, contribuirão para a emancipação humana de forma mais ampla.[238]

O novo diploma revogou o processo de execução de título judicial, tornando-o um procedimento, ou seja, uma derradeira etapa do próprio processo de conhecimento, a qual foi denominada – como revela o seu título – "Cumprimento da Sentença". Dessa alteração decorrem relevantes consequências.

Transformada a execução uma etapa do processo de conhecimento, já não se revelava correto afirmar que o juiz cumpre e acaba o seu ofício jurisdicional com a prolação da sentença de mérito, o que levou à alteração da redação do *caput* do artigo 463 do CPC, para, justamente, suprimir essa parte do dispositivo.

Também a liquidação da sentença deixou de figurar no Livro II, que trata do Processo de Execução, para constar, com a reforma, do Capítulo IX do Título VIII (Do Procedimento Ordinário) do Livro I, que disciplina o Processo de Conhecimento. Com isso, também a liquidação passou a ser uma etapa do processo de conhecimento, a exemplo do que se dava com a execução de título judicial. Para citar apenas um reflexo da reforma, nesse ponto, pode-se destacar a dispensa de citação da parte executada, antes prevista no revogado artigo 603 do CPC, substituída, na nova sistemática, por mera intimação, na pessoa do seu advogado, para se manifestar sobre o requerimento de liquidação (artigo 475-A, § 1º).

É clara, portanto, a intenção do legislador processual de implementar, também aqui, o sincretismo inaugurado no cumprimento das obrigações de fazer, não fazer e para a entrega de coisa, acompanhando da tutela específica prevista nos artigos 461 e 461-A do Código de Processo Civil.

Contudo, as alterações havidas foram substanciais e, como visto, no bojo do procedimento ordinário, fez-se questão de abandonar a nomenclatura embargos à execução, para chamar a defesa do devedor, doravante, apenas de impugnação. A mudança não é apenas terminológica.

De uma análise sistemática desse novo instrumento de defesa do devedor, na fase de execução para cumprimento da sentença, nota-se a clara intenção do legislador de afastar a natureza de ação, rotineiramente atribuída aos embargos do devedor. Nessa linha,

---

[238] SILVA, Jaqueline Mielke; XAVIER, José Tadeu Neves; SALDANHA, Jânia Maria Lopes. *A Nova Execução de Títulos Executivos Extrajudiciais: As Alterações da Lei 11.382/2006*. Porto Alegre: Verbo Jurídico, 2007, p. 31.

apenas para exemplificar, a nova impugnação não terá, como regra, efeito suspensivo, o qual poderá ser atribuído ou não pelo juiz quando relevantes os fundamentos e houver risco de grave dano de difícil ou incerta reparação para o executado, afastando, assim, a prévia segurança do juízo (artigo 475-M). Além disso, será a impugnação resolvida por decisão interlocutória, desafiada por agravo de instrumento, salvo quando acolhida pelo juiz, hipótese em que se der ensejo à extinção da execução, o recurso cabível será o de apelação (artigo 475-M, § 3º).

E aqui se permite questionar: haverá a lei processual incorrido em inconstitucionalidade nesse específico ponto? A dúvida se coloca em atenção ao princípio da igualdade, já que, dependendo do alcance da decisão que resolve a impugnação do devedor, o recurso será diverso, assim como os seus procedimentos e efeitos. Observando a norma com mais apuro, percebe-se a possibilidade de ocorrência de pelo menos quatro situações distintas.

A primeira delas vem a lume se a impugnação for inteiramente acolhida pelo juiz, com a consequente extinção da execução, o que significaria dizer que o título executivo judicial foi fulminado. Nessa hipótese não haveria, para as partes, qualquer prejuízo no fato de a instância recursal ser inaugurada por apelação, a ser recebida no duplo efeito (artigo 520, *caput*, do CPC). O interesse em recorrer, no caso, será exclusivamente do credor, e se o título judicial foi desconstituído, nada mais natural que o pretenso devedor não venha a ser molestado, em sua esfera patrimonial, na pendência da apelação.

Por outro lado, se a impugnação for totalmente rejeitada, a presunção de legitimidade do título executivo judicial ganhará novo fôlego, justificando, assim, o cabimento do recurso de agravo de instrumento, a ser recebido, em regra, apenas no efeito devolutivo (artigo 475-M, § 3º, 1ª parte), Caberá ao devedor, assim, o ônus de demonstrar o risco de lesão grave e de difícil reparação, veiculando uma fundamentação relevante, para que o Relator possa atribuir ao agravo o efeito suspensivo, ou antecipar a tutela recursal (arts. 527, III e 558, *caput*, do CPC). Também aqui não se visualiza qualquer prejuízo à igualdade processual.

Haverá casos em que a impugnação será acolhida integralmente, mas dependendo do seu objeto, a execução para o cumprimento da sentença não terá fim. São exemplos ensejadores dessa situação a penhora incorreta ou avaliação errônea (artigo 475-L, inciso III); o excesso de execução (inciso V); e algumas causas modificativas da obrigação, desde que supervenientes à sentença (inciso VI). Nessas hipóteses, o interesse em recorrer será reconhecido apenas ao credor, parte que poderá manejar o recurso de agravo de instrumento, admitido, como sabido, e em regra, somente no efeito devolutivo, prosseguindo a execução quanto à parte incontroversa da execução. Julgado o recurso, com o seu provimento, será lícito ao credor reagregar ao título a parcela antes excluída do crédito. Mais uma vez, a diferença entre os procedimentos e efeitos em que serão, via de regra, recebidos os recursos, não revela qualquer óbice à constitucionalidade da norma processual em análise.

A quarta situação decorre do acolhimento apenas parcial da impugnação (o que significará, também, a sua parcial rejeição). Um simples exemplo, apenas para argumentar, pode ser encontrado no inciso V do artigo 475-L, que versa sobre o excesso de execução. Aqui, com rigor, nada impedirá o acolhimento apenas parcial das razões do devedor impugnante, repartindo-se a sucumbência. Assim sendo, também o interesse para recorrer será reconhecido às duas partes e, como a impugnação não dará azo à extinção da execução, o recurso cabível será o de agravo de instrumento. Com efeito, a sucumbência recíproca na impugnação parece ter o condão de igualar as partes em armas e oportunidades de revisão da decisão em grau de recurso. Se a ambas é conferido o mesmo recurso, também nesta última hipótese não haverá que se falar em ofensa à igualdade.

Resta, desse modo, pelo menos em abstrato, resguardada a constitucionalidade da impugnação da execução para cumprimento das sentenças, papel primeiro atribuído aos intérpretes, em homenagem à presunção, nesse sentido, que decorre do próprio sistema constitucional pátrio.

Convém observar, ainda, na análise do procedimento, que o prazo para o manejo dessa impugnação será de quinze dias a contar da intimação do executado do auto de penhora e de avaliação (artigo 475-J, § 1º). Contudo, não houve expressa fixação de um prazo para que o credor se manifeste acerca da resistência do devedor.

Nesse particular, houve um rompimento estrutural do novel instituto em relação aos embargos à execução. O entendimento prevalente vai ao sentido de se conferir ao credor igual prazo, de quinze dias, para se manifestar sobre os argumentos e fatos lançados na impugnação à execução, em homenagem não só aos princípios do contraditório e da ampla defesa, como também ao da igualdade processual. O que não se admite é a simples supressão dessas garantias processuais em favor da celeridade, notadamente nos casos em que a impugnação trouxer à baila novos elementos de fato, como são exemplos as alegações de causas impeditivas, modificativas ou extintivas da obrigação, supervenientes à sentença (artigo 475-L, inciso VI).

Ademais, nota-se que sequer o procedimento mínimo a ser observado por essa impugnação restou alinhavado pela reforma. Daí as indagações: como se dará, então, a instrução referida no § 2º, do artigo 475-L? Será ela realizada a critério de cada juiz? Melhor, também aqui, para evitar a prática de restrições e excessos indevidos, que se aplique, subsidiariamente, no que couber, o procedimento previsto no mencionado artigo 740 e parágrafo único do Código de Processo Civil.

O artigo 475-L, bem como a nova redação do artigo 741 do CPC, eliminaram "as nulidades da execução até a penhora", como causas hábeis à oposição do devedor.[239] De qualquer sorte, na dicção de Araken de Assis,

> A eliminação incisiva não significa, por óbvio, o desaparecimento do problema. No que tange à impugnação, pareceu ao legislador que a eventual nulidade dos atos processuais relevantes praticados até a exata oportunidade do seu oferecimento (penhora e avaliação), melhor se acomodariam com vantagens num item específico, que o inciso III do artigo 475-L.; relativamente aos embargos do artigo 741, doravante restritos à execução contra a Fazenda Pública, inexistiria análoga necessidade, uma vez que somente precede aos embargos a petição inicial da execução.[240]

No centro dessas discussões, aparece o § 1º do artigo 475-L, dispondo que:

> Para efeito do disposto no inciso II do *caput* deste artigo, considera-se também, inexigível o título judicial fundado em lei ou ato normativo declarados inconstitucionais pelo Supremo Tribunal Federal, ou "fundado" em aplicação ou interpretação "da lei ou ato normativo" tidas pelo Supremo tribunal Federal como incompatíveis com a Constituição.[241]

Não se tem dúvida de que a impugnação do § 1º do artigo 475-L atrairá muitas discussões envolvendo a coisa julgada inconstitucional e sua oposição com esse fundamento.

Nesse ponto, uma observação se impõe. Se o legislador pretendeu afastar da execução para o cumprimento da sentença a nomenclatura e, principalmente, a natureza jurídica reconhecida aos embargos

---

[239] SILVA, Jaqueline Mielke; XAVIER, José Tadeu Neves. *Reforma do Processo Civil*: Leis 11.187, de 19.10.2005; 11.232, de 22.12.2005; 11.276 e 11.277, de 7.2.2006 e 11.280, de 16.2.2006. Porto Alegre: Verbo Jurídico, 2006, p. 102.

[240] ASSIS, Araken de. *Cumprimento da sentença*. Rio de Janeiro: Forense, 2006, p. 304.

[241] Os destaques não são textuais e objetivam aclarar as mudanças na redação do dispositivo, quando confrontada com a anterior redação do parágrafo único do artigo 741, do CPC.

de devedor, deixando, inclusive, de prever para ela um procedimento específico, parece óbvio que a impugnação fundada em lei ou ato normativo inconstitucional, dentre outras causas, trazida pela reforma, não poderá ser reconhecida e tratada como verdadeiros embargos à execução com eficácia rescisória. E os desdobramentos dessa constatação são múltiplos.

O primeiro deles diz respeito à possibilidade de se afastar a garantia da coisa julgada mediante simples impugnação do devedor, nos termos do atual artigo 475-L do CPC. Será essa sistemática possível?

É de se notar que, antes da Lei nº 11.232/2005, o legislador havia reservado essa eficácia, nitidamente rescisória, para os embargos à execução, os quais, no entendimento da doutrina especializada, têm natureza de ação.[242] E essa natureza o aproximava, para fins de observância do devido processo legal, em alguma medida, da sistemática da ação rescisória (artigo 485, do CPC), encarada como o principal instrumento de relativização da coisa julgada no ordenamento processual civil pátrio.

Análise mais acurada deverá ser feita no plano da constitucionalidade da nova disposição legal, em cotejo com os incisos LIV e LV do artigo 5º da Carta Constitucional, os quais garantem aos litigantes a observância do devido processo legal, e, em seu bojo, do contraditório e da ampla defesa. Os valores em jogo no complexo temário da relativização da coisa julgada deverão, aqui, ser cuidadosamente observados e conjugados.

Com efeito, na onda de reformas do Processo Civil, a vontade do legislador processual de simplificar os procedimentos esbarra, por vezes, em óbices de maiores magnitudes. A simplificação, em nome da celeridade, onde há excesso de formalismo, afigura-se louvável. De outra banda, não se pode reconhecer como legítimo um processo judicial sem que exista um mínimo de etapas legais, previamente estabelecidas e consolidadas, a serem observadas pelo Estado-juiz e pelos jurisdicionados.

Daí é que, para por a salvo a constitucionalidade da impugnação do devedor à execução para cumprimento de sentença fundada em lei ou ato normativo declarados inconstitucionais, trazida pela recente Lei 11.232/2005, reafirma-se, também nesta sede, a sugestão acima lançada para a aplicação subsidiária do procedimento previs-

---

[242] THEODORO JÚNIOR, Humberto. *Curso de Direito Processual Civil*, vol. II. 36ª ed. Rio de Janeiro: Forense, 2004, p. 268.

to no artigo 740, do CPC, com as adequações necessárias, uma vez que as "Disposições Gerais" do Título do Código de Processo Civil que trata dos embargos do devedor não foram revogadas pela lei reformadora.

Com efeito, é de rigor se exigir alguma formalidade, pois o título executivo judicial que se estará desconstituindo, ao final (conforme o resultado da impugnação), encontrava-se coberto pelo manto protetor da coisa julgada, com todas as consequências que essa qualidade lhe garantia. Será, em suma, da própria estrutura do sistema processual civil que se estará tratando, razão pela qual, portanto, a prudência recomenda cautela.

Direcionando o foco para a nova redação do parágrafo único do artigo 741, operada pelo advento da Lei 11.232/05, percebe-se um claro avanço em relação à composição primitiva. Sua parte final deixa claro, agora, que a inexigibilidade do título fundado em aplicação ou interpretação da lei ou ato normativo tidas como incompatíveis com a Constituição Federal depende de pronunciamento do Supremo Tribunal Federal.

Afastou-se, assim, a linha de entendimento no sentido de que "a qualquer juiz, no controle difuso de constitucionalidade, mesmo sem o prévio pronunciamento do Supremo Tribunal Federal, era dado recusar execução à sentença que contraria preceito constitucional, reconhecendo a inexigibilidade do título".[243] Agora, portanto, o prévio pronunciamento do Supremo Tribunal Federal se impõe.

A dúvida continua, contudo, em saber se essa declaração de inconstitucionalidade, pelo Supremo, poderá emanar do controle difuso de constitucionalidade, sem a necessidade de resolução do Senado Federal (artigo 52, inciso X, da Constituição Federal), ou deverá resultar apenas do controle concentrado, via ação direta.

A questão posta demanda uma reflexão. A discussão em torno da relativização da coisa julgada, quando inconstitucional a norma que fundamentava o título, não se encontra estribada no princípio da supremacia da Constituição, e nem mesmo poderá ser solucionada com força na autoridade reconhecida ao Supremo Tribunal Federal para a sua guarda.[244]

---

[243] THEODORO JÚNIOR, Humberto. *A Reforma* (...), p. 94-95.

[244] ZAVASCKI, Teori Albino. Embargos à Execução com Eficácia Rescisória: Sentido e Alcance do Art. 741, Parágrafo Único, do CPC. In: *Revista de Processo*, nº 125. São Paulo: RT, 2005, p. 85.

Levando-se em conta a eficácia *inter pares* do controle difuso de constitucionalidade, entende-se de todo inadequado que os pronunciamentos do Supremo Tribunal Federal, resultantes da via incidental, se prestem aos fins da impugnação prevista no § 1º do artigo 475-L do CPC.

Esse pronunciamento terá, certamente, no complexo sistema de análise da adequação das normas inferiores à Constituição, tomado em conta circunstâncias peculiares do caso concreto levado por aquelas partes específicas à apreciação do Poder Judiciário. Faltará a essa declaração de inconstitucionalidade, mesmo que emanada pelo Supremo, o atributo da generalidade, essencial, ao que parece, para que o pronunciamento sirva de estribo ao reconhecimento da inexigibilidade do título executivo judicial.[245]

E nada impede, a rigor, que, também no controle difuso, em um outro processo, com outras partes e nova situação de fato, venha a ser dada interpretação diversa aos elementos desse complexo jogo de adequação, o que fará com que, em contrariedade àquele precedente, a mesma norma jurídica venha a ser reconhecida e declarada constitucional pela Corte Suprema.

Como, então, se admitir a desconstituição de um título executivo, decorrente de um regular processo judicial entre determinadas partes e protegido pela coisa julgada, com apoio no pronunciamento de inconstitucionalidade da norma, ainda que pelo Supremo, só que destinado à resolução de um outro processo também específico? Alterado o rumo da jurisprudência – o que é reconhecidamente possível – poderá a parte que viu a execução do seu título sustada, com força no anterior posicionamento do Supremo Tribunal Federal, provocar novamente o Poder Judiciário para restabelecer a sua exigibilidade? Como fica a segurança jurídica?

O núcleo do argumento reside, portanto, na permanência da norma no ordenamento jurídico, mesmo depois do Supremo Tribunal Federal lhe ter reconhecido a inconstitucionalidade, em hipótese específica, na via difusa. Exatamente por não estar em jogo, na impugnação prevista no § 1º do artigo 475-L do CPC, os princípios da supremacia da Constituição, nem mesmo a autoridade do STF, como visto, mas sim, o princípio da igualdade substancial, em contraponto com a segurança jurídica, é que se permite aqui afirmar a inteira

---

[245] TALAMINI, Eduardo. *Embargos (...)*, p. 62-63. O comentário, inspirado na redação primitiva do parágrafo único do art. 741, não perdeu a atualidade depois da modificação do dispositivo pela Lei 11.232/05.

inadequação do controle difuso de constitucionalidade para os fins estudados.

Com efeito, ao se desconstituir, via simples oposição à execução, com eficácia rescisória, um título judicial fruto do processo e do drama particular enfrentados por A e B, com apoio em um pronunciamento do Supremo Tribunal Federal, no controle difuso de constitucionalidade, com eficácia inter partes, já que observado apenas o drama de C e D, sem qualquer ar de generalidade, não se estará dispensando tratamento desigual aos eventualmente desiguais, em flagrante ofensa ao núcleo do princípio constitucional da igualdade.[246]

Melhor, portanto, que a oposição à execução lastreie-se apenas nos pronunciamentos do Supremo Tribunal Federal derivados do controle concentrado de constitucionalidade, via ação direta, ou naqueles proferidos em controle concentrado, desde que haja expedição de resolução pelo Senado Federal no sentido de suspender a execução da norma. As respostas aos anseios da segurança jurídica e da própria igualdade substancial entre os jurisdicionados, nesse sistema de controle, são claras, por conta da generalidade ínsita a essas declarações, das quais decorre, também, sua eficácia *erga omnes* e seu efeito vinculante.

Relembre-se, ainda, como antes visto, que o Supremo Tribunal Federal, por maioria de dois terços de seus membros, poderá restringir os efeitos daquela declaração ou decidir que ela só tenha eficácia a partir de seu trânsito em julgado ou de outro momento, que venha a ser fixado (artigo 27, da Lei nº 9.868/1999), que demanda observação pelo intérprete, por constituir instrumento de suma importância, além de uma verdadeira fonte de equilíbrio no tenso jogo de forças entre a segurança jurídica e a justiça, notadamente quando se visualiza que os reflexos dessa decisão permearão, certamente, o tormentoso debate sobre a coisa julgada inconstitucional.

Há que se destacar que a aplicação do instituto da oposição à execução de título judicial fundado em norma inconstitucional, em sua nova leitura, deve ser dividida, sob o enfoque da constitucionalidade, em dois momentos bastante distintos.

---

[246] "O intérprete/autoridade pública não poderá aplicar as leis e atos normativos aos casos concretos de forma a criar ou aumentar desigualdades arbitrárias (...)" (MORAES, Alexandre de. *Direitos Humanos Fundamentais*: Teoria Geral – Comentários aos arts. 1º a 5º da Constituição da República do Brasil: Doutrina e Jurisprudência. 6ª ed. São Paulo: Atlas, 2005, p. 82). Afinal de contas, "O princípio isonômico revela a impossibilidade de desequiparações fortuitas ou injustificadas". (STF. Segunda Turma. Agravo de Instrumento 207.130/SP, j. em 02.03.1998, relator o Senhor Ministro Marco Aurélio).

O primeiro deles consiste em se definir qual o sistema de controle a ser utilizado como fundamento para a veiculação do pedido; acertado, nesse particular, que apenas os pronunciamentos do Supremo Tribunal Federal, decorrentes do controle concentrado de constitucionalidade se prestarão a tal fim, admitindo-se, também, a hipótese de emissão de resolução pelo Senado.

Já o segundo, ainda mais complexo, consiste na aplicação da decisão do Supremo Tribunal Federal ao caso concreto, pelo juiz da execução, chamado a se manifestar sobre a pretendida desconstituição de um título judicial transitado em julgado. Aqui, impõe-se retornar à análise das forças em jogo neste debate.

Convivem, no ordenamento constitucional, os princípios da igualdade e da segurança jurídica. O primeiro revela-se em diversas partes do texto constitucional, importando citar a previsão do *caput* do artigo 5º, segundo a qual todos são iguais perante a lei, sem distinção de qualquer natureza. O segundo vem prestigiado pela dicção do inciso XXXVI do mesmo artigo, quando se prevê que nem mesmo a lei prejudicará o direito adquirido, o ato jurídico e a coisa julgada.

A problemática da coisa julgada inconstitucional coloca-se, justamente, na opção a ser feita entre esses dois princípios. E, nesse particular, ensina Luís Roberto Barroso que "a existência de colisões de normas constitucionais leva à necessidade de ponderação".[247] Efetivamente, parece ser essa a chave para a resolução da questão, aplicável, assim, à impugnação das execuções para o cumprimento das sentenças:

> A substituição, por óbvio, não é capaz de resolver o problema, por não ser possível enquadrar o mesmo fato em normas antagônicas. Tampouco podem ser úteis os critérios tradicionais de solução de conflitos normativos – hierárquico, cronológico e da especialização – quando a colisão se dá entre disposições da Constituição originária. Neste cenário, a ponderação de normas, bens ou valores (...) é a técnica a ser utilizada pelo intérprete, por via da qual ele (i) fará concessões recíprocas, procurando preservar o máximo possível de cada um dos interesses em disputa ou, no limite (ii) procederá à escolha do direito que irá prevalecer, em concreto, por realizar mais adequadamente a vontade constitucional, conceito-chave na matéria é o princípio instrumental da razoabilidade.[248]

Como já se fez notar, o princípio da supremacia da Constituição, ou mesmo a autoridade do Supremo Tribunal Federal, não inter-

---

[247] BARROSO, Luís Roberto. Neoconstitucionalismo e Constitucionalização do Direito: O Triunfo Tardio do Direito Constitucional no Brasil. In: *Revista de Direito Administrativo*, nº 240, 2005, p. 11.

[248] *Ibidem, loc. cit.*

ferirá na opção que, nessas hipóteses, incumbirá ao juiz da causa. E isso porque a colisão se dará entre dois valores igualmente constitucionais (segurança jurídica e igualdade), à luz do caso concreto.

Desconstituir ou não o título executivo judicial, quando do julgamento da debatida oposição, exigirá a aplicação da técnica da ponderação, orientada, especialmente, pelos postulados da proporcionalidade e da razoabilidade. Significa isso dizer que não bastará a declaração da inconstitucionalidade da norma pelo Supremo, no controle concentrado, para que o magistrado competente para a resolução da oposição, com a pretendida eficácia rescisória, simplesmente afaste a exigibilidade do título nela fundado. O trabalho não será assim tão simples.

Se, no primeiro plano, a efetivação do princípio da igualdade impede a utilização de decisão prolatada em controle difuso de constitucionalidade, no momento posterior, de aplicação prática da oposição à execução do título, já que ceifada do ordenamento jurídico a norma que sustentava o título executivo judicial, via ação direta, pela Corte Suprema (ou via resolução expedida pelo Senado Federal), atuará esse princípio como impulsionador do reequilíbrio entre os jurisdicionados, buscando afastar, assim, o elemento discriminador anteriormente reconhecido na decisão judicial transitada em julgado, agora acoimado de ilegitimidade. E, na outra ponta, estará a segurança jurídica, exigindo cautela do julgador, bem como respeito sobretudo às situações consumadas sob o pálio do ordenamento jurídico anterior, antes da declaração de inconstitucionalidade da norma pelo Supremo Tribunal Federal, já que imperava presunção em sentido oposto.

Não se quer impingir à coisa julgada um valor absoluto. O que se defende é a necessidade de ponderação entre dois valores igualmente constitucionais, segurança jurídica e igualdade, no momento de se decidir sobre a sua relativização no caso concreto, seja por meio da oposição à execução trazida pela Lei 11.232/2005, seja por qualquer outro modo.

Nada obsta, dentro dessa linha de argumentação, que, mesmo depois da declaração abstrata de inconstitucionalidade da lei ou ato normativo pelo Supremo, o título transitado em julgado possa se manter íntegro em relação aos efeitos pretéritos e já definitivamente consumados entre as partes por ele alcançadas. Da mesma forma, não se vê impedimento para que o juiz da causa, analisando o caso concreto, possa determinar que a inoperância dos efeitos daquela decisão judicial, transitada em julgado, dar-se-á a partir do momento presente, ou mesmo em oportunidade futura, conjugando, assim, e por necessário, os valores da igualdade e da segurança jurídica, sob o facho do princípio instrumental da razoabilidade.[249]

Será o caso de se aplicar, então, com os temperamentos e ajustes necessários, à temática da oposição ao título inconstitucional, o sistema de há muito admitido no ordenamento pátrio e, em época recente, textualmente positivado para o controle concentrado da constitucionalidade, por meio do artigo 27 da Lei nº 9.868/1999.

A consequência imediata será o reforço dos poderes do juiz e, nessa esteira, a exigência de um maior comprometimento com a imprescindível fundamentação dos julgados, o que se coloca em perfeita harmonia com a moderna hermenêutica constitucional. É o que também ensina Luís Roberto Barroso:

> Chega-se, por fim, à argumentação, à razão prática, ao controle da racionalidade das decisões proferidas mediante ponderação, nos casos difíceis, que são aqueles que comportam mais de uma solução possível e razoável. As decisões que envolvem a atividade criativa do juiz potencializa o dever de fundamentação, por não estarem inteiramente legitimadas pela lógica da separação de Poderes – por esta última, o juiz limita-se a aplicar, no caso concreto, a decisão abstrata tomada pelo legislador. Para assegurar a legitimidade e a racionalidade de sua interpretação nessas situações, o intérprete deverá, em meio a outras considerações: (i) reconduzi-la sempre ao sistema jurídico, a uma norma constitucional ou legal que lhe sirva de fundamento – a legitimidade de uma decisão judicial decorre de sua vinculação a uma deliberação majoritária, seja do constituinte ou do legislador; (ii) utilizar-se de um fundamento jurídico que possa ser generalizado aos casos equiparáveis, que tenha pretensão de universalidade: decisões judiciais não devem ser casuísticas; (iii) levar em conta as conseqüências práticas que sua decisão produzirá no mundo dos fatos.[250]

Estar-se-ia, assim, colocando a salvo a constitucionalidade da própria oposição à execução para o cumprimento de título judicial fundado em norma reconhecida inconstitucional pelo Supremo Tribunal Federal, operacionalizada em sistema processual por meio dos artigos 475-L, § 1º, e 741, parágrafo único, do CPC.

---

[249] Interessante citar, neste passo, dois recentes julgamentos do Supremo Tribunal Federal: (a) MS 25460, no qual ficara assentado: "Vantagem pecuniária incorporada aos proventos de aposentadoria de servidor público, por força de decisão judicial transitada em julgado: não pode o Tribunal de Contas, em caso assim, determinar a supressão de tal vantagem, por isso que a situação jurídica coberta pela coisa julgada somente pode ser modificada pela via da ação rescisória. Precedentes (...)". (b) RE 442683/RS, ressaltando a jurisprudência da Corte no sentido da impossibilidade do provimento derivado dos cargos públicos, mediante ascensão funcional, asseverou que, na espécie, tratar-se-ia de ação em processo subjetivo e que os atos questionados ocorreram sob a égide de legislação que os possibilitava. Entendeu-se que o desfazimento desses provimentos causaria, consoante assentado no acórdão impugnado, dano muito maior à Administração Pública e atentaria contra os princípios da segurança jurídica e da boa-fé.

[250] BARROSO, Luís Roberto. *Op. cit.*, p. 11.

4.3. EFICÁCIA RESCISÓRIA: SENTIDO E ALCANCE DA INEXIGIBILIDADE DO TÍTULO INCONSTITUCIONAL

Após a análise da Lei 11.232/2005, introduzida recentemente no nosso sistema processual, faz-se mister breve investigação acerca do alcance e do sentido do disposto nos artigos 475-L, § 1º, e 741, parágrafo único, do Código de Processo Civil, que tratou de expressamente consignar que nos casos de embargos à execução ou impugnação que versem sobre a inexigibilidade do título, esses serão assim considerados quando o título judicial estiver fundado em lei ou ato normativo declarados inconstitucionais pelo Supremo Tribunal Federal ou em aplicação ou interpretação de lei ou ato normativo tidas por incompatíveis com a Constituição Federal.[251]

O estudo da regra em questão mostra-se importante na medida em que sua aplicação possibilita a desconstituição da coisa julgada, princípio constitucional consagrado entre os direitos fundamentais na Constituição Federal de 1988 e informador da segurança das relações jurídicas, característica marcante do estado democrático de direito.

Para Eduardo Talamini, a possibilidade de oposição ao título poderia dar ensejo a interpretações em dois sentidos distintos:

> a) o dispositivo preveria casos em que o título executivo torna-se ineficaz, pura e simplesmente. A coisa julgada (ou a estabilidade do título, nas hipóteses em que ele não se reveste daquela autoridade) e a eficácia executiva do ato simplesmente cairiam por terra em face do pronunciamento do Supremo. Vale dizer, a definição da questão constitucional em uma das hipóteses acima cogitadas teria força para automaticamente, *ipso iure*, desconstituir o título executivo judicial amparado em solução que lhe fosse desconforme. (...) Bastaria a constatação do contraste entre o (entendimento que amparou o) título judicial e o pronunciamento do Supremo;

> b) estaria sendo estabelecida uma nova hipótese e um novo meio de desconstituição de um título judicial; um novo e especialíssimo mecanismo rescisório. Nos casos em que esse título estivesse acobertado pela coisa julgada material, os embargos funcionariam como novo e excepcional mecanismo de rescisão dessa autoridade, ainda que restrito ao comando condenatório contido na decisão. A questão constitucional relevante na formação do título haveria de ser reexaminada nos embargos, cabendo ao juiz sobre ela pronunciar-se – exclusivamente para definir a mantença ou o desfazimento do comando condenatório.[252]

---

[251] "Art. 741. Na execução fundada em título judicial, os embargos só poderão versar sobre: (...) II – inexigibilidade do título; (...)".

[252] TALAMINI, Eduardo. *Coisa* (...). p. 460-461.

O referido doutrinador não visualiza diferença entre as duas possíveis interpretações do dispositivo, pois, no segundo caso, o juiz estaria vinculado ao pronunciamento da Corte Suprema. Aponta como fundamental, entretanto, a distinção entre uma e outra, a fim de definir o sentido da própria regra.

Segundo seu entendimento, a primeira interpretação confunde o plano normativo com o plano dos atos praticados sob a égide da norma inconstitucional.

> A sentença que veicula uma solução inconstitucional não é nula nem ineficaz, mas injusta; e mesmo que a inconstitucionalidade afete um pressuposto de validade do processo, a coisa julgada funciona como "sanatória geral" do processo. Desse modo, tal interpretação só seria em algum sentido adequada na excepcional hipótese de a inconstitucionalidade repercutir-se sobre os pressupostos de existência do processo – e ainda assim o enquadramento não seria perfeito. É que, intimamente ligado a essa primeira objeção, há ainda outro aspecto. A noção de que o pronunciamento eivado de inconstitucionalidade é de pleno direito ineficaz, dificilmente pode ser compatibilizada com a idéia da possível preservação de efeitos gerados pela norma inconstitucional. A favor do primeiro enfoque haveria apenas o tênue argumento de que a lei manda considerar a hipótese como sendo de "inexigibilidade", para o fim de interposição de embargos – e a inexigibilidade propriamente dita, sob certo aspecto, afeta a eficácia do título.[253]

Já a segunda interpretação, para ele, parece mais adequada, pois o título fundado na solução inconstitucional é, em princípio, eficaz, e será desconstituído apenas na medida em que o juiz constate sua incompatibilidade absoluta com a orientação do Supremo Tribunal Federal.

A ideia de que, nesse caso, o título deve ser desconstituído, em nada se amolda à previsão legal de que ele é considerado "inexigível". Mas a equiparação com a "inexigibilidade" pretendida pelo dispositivo já seria, de qualquer modo, imprópria.[254] Afinal, o título é inexigível quando a obrigação nele representada ainda não precisa ser cumprida, porque pendente termo ou condição. E isso nada tem

---

[253] TALAMINI, Eduardo. *Coisa (...).*, p. 461.

[254] Araken de Assis também considera inadequada a equiparação (ASSIS, Araken de. *Eficácia (...)*, p. 210). Reputa, porém, que o parágrafo único do artigo 741 teria estabelecido um caso de ineficácia (inexigibilidade), gerada retroativamente pela decisão do Supremo – interpretação diversa da aqui sustentada. Ao entendimento aqui exposto, aderiu Leonardo de Faria Beraldo (BERALDO, Leonardo de Faria. A Relativização da Coisa Julgada que Viola a Constituição. In: NASCIMENTO, Carlos Valder do (coord.). *Coisa Julgada Inconstitucional.* 4ª ed. Rio de Janeiro: América Jurídica, 2003, p.177). Assim também Paulo Henrique dos Santos Lucon (LUCON, Paulo Henrique dos Santos. *Código de Processo Civil Interpretado.* MARCATO, Antônio Carlos (coord.). São Paulo: Atlas, 2004, p. 2.103). Todos os entendimentos expostos, ainda que anteriores ao advento da Lei 11.232/05, não perderam a atualidade com a modificação operada por aquele diploma.

a ver com a hipótese prevista na regra em exame, seja qual for a interpretação que se lhe dê. Ao que tudo indica, a alusão que o dispositivo faz à "inexigibilidade" foi uma tentativa (inútil e atécnica) do "legislador" de enquadrar a nova hipótese de embargos em alguma das categorias lá existentes, para assim diminuir as censuras e a resistência à inovação.

À segunda interpretação, poderia opor-se que a coisa julgada é uma garantia constitucional, de modo que a nova previsão legal, ao pretender afastá-la em certas hipóteses, seria inconstitucional por ofensa à segurança jurídica. Mas contra esse argumento sobressai a consideração de que, embora sendo a coisa julgada uma garantia constitucional, os seus limites, sua conformação, seu regime de vigência, são em grande parte estabelecidos pela legislação infraconstitucional.[255] Por certo, não se quer, com isso, afirmar a absoluta liberdade do legislador infraconstitucional para dizer quando há e quando não há coisa julgada. Tal entendimento tornaria letra morta a cláusula constitucional que consagra a garantia. A confirmação infraconstitucional da coisa julgada submete-se a parâmetros constitucionais (os princípios da segurança jurídica, do contraditório, do devido processo, da ampla defesa etc). Mas, dentro desses parâmetros, cabe à lei infraconstitucional fixar o regime da coisa julgada, inclusive quanto às formas de sua desconstituição. Basta pensar no instituto (precipuamente infraconstitucional) da ação rescisória. Logo, a norma do artigos 475-L, § 1º, e do 741, parágrafo único, se compreendida no segundo sentido acima exposto, não afronta a garantia da coisa julgada.

---

[255] A confirmar essa assertiva está a jurisprudência pacífica do Supremo no sentido de que, "em regra, as alegações de desrespeito aos postulados (...) dos limites da coisa julgada (...) podem configurar, quando muito, situações de ofensa meramente reflexa ao texto da Constituição" (STF. Primeira Turma. AgRg no Agravo de Instrumento 237.138/SP, j. em 27.06.2000, relator o Senhor Ministro Celso de Mello – com remissão a diversos precedentes). Também, STF. Segunda Turma. Agravo Regimental no Recurso Extraordinário 220.517SP, j. em 10.04.2001, relator o Senhor Ministro Celso de Mello. Em sentido contrário, reputando inconstitucional a regra, é o entendimento de Leonardo Greco. Mas essa sua orientação está vinculada às excessivas decorrências que ele atribui ao valor constitucional da coisa julgada: para aquele jurista, a própria hipótese de ação rescisória do artigo 485, V, seria inconstitucional (GRECO, Leonardo. *Eficácia da Declaração Erga Omnes de Constitucionalidade ou Inconstitucionalidade em Relação à Coisa Julgada Anterior*. In: DIDIER JR., Fredie (org.). *Relativização da coisa julgada: enfoque crítico*. Salvador: Jus Podivm, 2004, p. 156-157) – posicionamento esse isolado em nossa doutrina e jurisprudência. Por semelhantes razões, Luiz Guilherme Marinoni confere ao artigo 741, parágrafo único, alcance restritíssimo: seria legitimamente aplicável apenas aos casos em que, na época da sentença, não houvesse controvérsia jurisprudencial sobre o tema – ou seja, seria aplicável só nos limites da Súmula 343 do STF (MARINONI, Luiz Guilherme. *O princípio [...]*, p. 22). Importante lembrar, de qualquer sorte, que o próprio Supremo exclui a incidência de tal discutível verbete sumular nas questões constitucionais – precisamente as envolvidas na hipótese do artigo 741, parágrafo único, do CPC.

Para precisar o alcance, deverão ser considerados todos os limites à eficácia *erga omnes* e *ex tunc* dos pronunciamentos finais do Supremo sobre a questão constitucional antes exposta. Assim, o pronunciamento sobre a inconstitucionalidade (com ou sem "redução de texto") ou a "interpretação conforme" da norma infraconstitucional, proferido nas ações diretas de inconstitucionalidade, nas declaratórias de constitucionalidade e nas arguições de descumprimento de preceito fundamental, será invocável, para os fins de embargos, nos limites da eficácia temporal que o Supremo houver atribuído à sua decisão (Lei 9.868/1999, artigo 27; Lei 9.882/1999, artigo 11). Outrossim, quando o reconhecimento da inconstitucionalidade da norma pelo Supremo se der em via incidental, sua invocação em embargos (relativos a outros processos) em princípio dependerá da "suspensão da execução" da lei pelo Senado Federal, e ficará subordinada aos limites temporais fixados nessa "suspensão".

Nas hipóteses ora enumeradas, o artigos 475-L, § 1º, e o 741, parágrafo único, serão aplicáveis tanto quando há pronunciamento do Supremo (ou a suspensão pelo Senado) for posterior à sentença que serve de título executivo, quanto quando for anterior – sempre observados os limites temporais fixados na decisão do Supremo ou na resolução do Senado.

Ademais, em todos esses casos – ainda que em tese o pronunciamento do Supremo (ou a suspensão pelo Senado) esteja abrangendo, do ponto de vista da eficácia temporal, o caso concreto – deverão ser ponderados os valores envolvidos, pois excepcionalmente se conceberá, mesmo assim, a manutenção do título executivo.

Por outro lado, a mera jurisprudência reiterada do Supremo a respeito da constitucionalidade ou inconstitucionalidade de uma norma ou de uma interpretação constitucional não autoriza a oposição à execução do título. Tampouco a autoriza simples liminar em ação direta.

A interpretação conforme a Constituição determina que, quando o aplicador de determinado texto legal se encontrar frente a normas de caráter plurissignificativo, deve priorizar a interpretação que possua um sentido em conformidade com a Constituição. Por conseguinte, uma lei não pode ser declarada nula quando puder ser interpretada em algum grau de consonância com o texto constitucional. Na hipótese de a norma examinada comportar diversas interpretações, sendo que a mais evidente delas apresenta-se incompatível com valores constitucionais, refuta-se a leitura que importe em inconstitucionalidade, mantendo-se, entretanto, íntegro o texto normativo, para reconhecer sua aplicabilidade quanto aos sentidos que se afigurem constitucionalmente adequados.

Daí porque se entende que o título judicial fundado em lei ou ato normativo declarados inconstitucionais pelo Supremo Tribunal Federal, ou em aplicação ou interpretação tidas pelo Supremo Tribunal Federal por incompatíveis com a Constituição Federal, somente deixará de ser exigível se, num esquema qualificado de ponderação de princípios, o juízo, com base em prévia declaração de inconstitucionalidade com efeitos *erga omnes*, concluir que a manutenção de sua exigibilidade viola a dignidade da pessoa humana ou os direitos fundamentais, de forma desproporcional e irrazoável. Do contrário, deve ser mantida a exigibilidade. Esta é a única interpretação constitucional possível ao instituto.

Isso equivale dizer que não é toda inconstitucionalidade capaz de justificar a não incidência da autoridade da coisa julgada, pois somente sob condições especiais e excepcionais, sempre no caso concreto, poder-se-á fazer prevalecer certo princípio sobre a segurança jurídica de maneira a justificar a não incidência da coisa julgada.

De todo o exposto, podemos concluir que as disposições legais somente poderão ser manejadas se observados limites. Sua utilização não pode ser indiscriminada nem ilimitada porque o aplicador da norma deve sempre ter em mente que no universo de providências jurídicas, não pode o intérprete apressar-se em aplicar fórmulas preestabelecidas, mas cotejar valores e princípios na busca da realização da justiça.

4.3.1. Declaração de Inconstitucionalidade por via direta e as sentenças que aplicaram a norma inconstitucional

Antes de ser declarada a inconstitucionalidade, é necessário que se identifique se a norma inconstitucional é "inexistente", "nula" ou "anulável", ou seja, se o pronunciamento que no controle direto e abstrato reconhece a inconstitucionalidade produz efeitos *ex tunc* ou *ex nunc* (o que tradicionalmente é discutido em termos de natureza "declaratória" ou "constitutiva" do pronunciamento da inconstitucionalidade). Há de se precisar, ainda, qual a natureza do defeito que eiva a sentença que aplica a norma inconstitucional.

Para Eduardo Talamini,

> A definição de tais questões envolve aspectos lógico-jurídicos. No que tange a tais aspectos, pelo menos uma ressalva precisa ser feita. A discussão sobre ser a in-

constitucionalidade da norma um vício de "nulidade" ou "anulabilidade" deve ser compreendida com cautela. Tal terminologia padece de um certo ranço privatista, incompatível com o tema em exame. A distinção entre "nulidade" e "anulabilidade" nessa sede não toma como baliza a presença de um interesse público ou privado, pois a inconstitucionalidade da norma sempre envolve o interesse público. Tampouco o emprego desses termos é adequado caso se repute que o critério distintivo esteja propriamente na eficácia *ex nunc* ou *ex tunc* do pronunciamento que constata o defeito. Afinal, mesmo no direito privado a anulação pode gerar efeitos *ex tunc* (Código Civil, art. 182).[256]

É inegável que aspectos jurídico-positivos interferem na definição da questão. As peculiaridades do direito positivo influenciam a compreensão do tema. A teoria da "nulidade" da norma inconstitucional encontra-se especialmente sintonizada com o modelo americano de controle de constitucionalidade, em que qualquer juiz está autorizado a exercê-lo e se afirma que todos têm o direito de descumprir a lei inconstitucional. O sistema austríaco formulado por Kelsen – concentrado e gerador de pronúncias *ex nunc* –, sobretudo em suas feições originárias, é integralmente compatível com a tese da "anulabilidade". Kelsen, embora tenha reformulado a teoria, não modificou sua essência, e aplicou-a inclusive ao direito norte-americano.

Já na doutrina de Calamandrei, a vinculação a aspectos do direito posto é ainda mais evidente. Embora reportando-se a Kelsen, resta claro que sua defesa da tese da eficácia constitutiva e *ex nunc* do pronunciamento de inconstitucionalidade pela Corte Constitucional alicerçava-se nos termos literais do artigo 136 da Constituição italiana. Tanto é assim que Calamandrei não tinha dificuldades em reconhecer que, na ordem constitucional anterior, em que era dado a qualquer juiz o controle da constitucionalidade formal das leis, o reconhecimento de inconstitucionalidade tinha natureza declaratória e eficácia retroativa.[257]

Há, ainda, outro aspecto a ser considerado. A sentença que ao decidir o mérito aplica uma norma inconstitucional, não é só por isso "nula" ou "inexistente".[258]

A inconstitucionalidade de uma norma apenas acarretará a nulidade (a ser, de qualquer modo, em regra, atacada por ação rescisória) ou a inexistência jurídica da sentença quando tal norma não

---

[256] TALAMINI, Eduardo. *Coisa (...)*, p. 426-427.

[257] CALAMANDREI, Piero. *Appunti Sulla Sentenza Come Fatto Giuridico*. In: CAPPELLETTI, M. (org.), Opere giurídiche, vol. I. Nápoles: Morano, 1976, p. 95-100.

[258] TALAMINI, Eduardo. *Coisa (...)*, p. 445.

houver incidido, respectivamente, sobre um pressuposto de validade ou de existência do processo.

E mesmo nessas hipóteses cabem ressalvas.

A nulidade da sentença de mérito é defeito grave que pode ser atacado mediante recurso e mesmo conhecido de ofício pelos órgãos recursais, nos limites do efeito devolutivo do recurso. No entanto, com o trânsito em julgado, a sentença faz coisa julgada, ainda quando absolutamente nula. Na configuração tradicional do processo civil brasileiro, a sentença de mérito nula precisará ser atacada através de ação rescisória, observados os requisitos específicos dessa via. Não sendo assim, permanecerá íntegra. Daí a tradicional observação no sentido de que a coisa julgada configura uma "sanatória geral" do processo.[259]

Já para a "sentença inexistente" (incluindo-se aqui a hipótese de falta ou nulidade de citação do réu) não há que se falar em coisa julgada. O defeito é intransponível. Jamais haverá sanação ou convalidação. O pretenso pronunciamento judicial pode ser desconsiderado. A eventual tentativa de execução da "sentença inexistente" poderá ser atacada por embargos ou qualquer outro meio.

Todavia, o Supremo, mais de uma vez, preservou atos praticados sob o amparo da norma inconstitucional em situações que envolviam, precisamente, hipótese que ao menos em tese poderia conduzir à "inexistência" de sentença (ou sua ineficácia frente ao réu). Tratava-se de casos em que foi reconhecida a inconstitucionalidade da lei que conferia investidura a oficiais de justiça. Pretendia-se a nulidade dos atos praticados por tais "oficiais de justiça" – o que, tratando-se de citação e havendo revelia, poderia conduzir à ineficácia da sentença em face do réu. O Supremo considerou válidos os atos praticados pelos "oficiais", com amparo na teoria do "funcionário de fato".[260] Vale dizer: a invalidade da norma inconstitucional não acarretou a nulidade do ato praticado sob sua égide e, consequentemente, não afetou os pressupostos de existência do processo. Portanto, também nessas hipóteses, distinguir-se-á o plano normativo do plano dos atos concretos, mediante análise ponderada.

---

[259] Como escreveu Liebman, "os motivos de nulidade, inclusive os insanáveis (...), com o trânsito da sentença em julgado, também (...) se tornam inoperantes, carentes de conseqüências" (*Apud* DINAMARCO, Cândido Rangel. *Manual de direito processual*, vol. I. 2ª ed. Rio de Janeiro: Forense, 1985, p. 266).

[260] STF. Primeira Turma. Recurso Extraordinário 79.628/SP, j. em 22.10.1974, relator o Senhor Ministro Aliomar Baleeiro; STF. Segunda Turma. Recurso Extraordinário 78.594/SP, j. em 07.06.1974, relator o Senhor Ministro Bilac Pinto.

4.3.2. Aplicação ou interpretação tidas por incompatíveis com a Constituição Federal

A regra inserida no Código de Processo Civil autoriza a oposição de impugnação, ou embargos, em face de título judicial fundado em aplicação ou interpretação tidas pelo Supremo Tribunal Federal como incompatíveis com a Constituição Federal.

No que se refere ao objeto da decisão do Supremo, a menção feita pelo legislador ao "ato normativo" e não apenas à lei, tem um motivo: é que o controle de constitucionalidade não alcança apenas a norma geral e abstrata veiculada por ato do Poder Legislativo. O Supremo Tribunal Federal, em algumas situações, tem admitido Ação Direta de Inconstitucionalidade contra regulamentos autônomos,[261] resoluções administrativas[262] e deliberações administrativas de órgãos do Poder Judiciário,[263] alargando, desse modo, o objeto deste processo de fiscalização. Destarte, caso o título exequendo tenha aplicado esse tipo de norma geral e concreta, também poderá ser desconstituído, em caso de existência de pronúncia de inconstitucionalidade pela Corte Maior. Logo, a sentença relacionada ao dispositivo em comento pode representar ato de aplicação de norma geral e abstrata ou geral e concreta.

No tocante às técnicas de decisão, a inovação em destaque alcança a decisão de inconstitucionalidade acompanhada da pronúncia de inconstitucionalidade total, ou parcial, da norma jurídica impugnada, a declaração de inconstitucionalidade sem redução de texto, e a interpretação conforme a Constituição.[264]

O legislador não diferenciou as decisões proferidas em controle abstrato e difuso, não cabendo ao intérprete fazê-lo. Assim sendo, tanto a pronúncia de inconstitucionalidade em sede de ADIn ou de ADC (controle abstrato), quanto em recurso extraordinário (controle difuso) motivam a alegação de inexigibilidade do título executivo.

Contudo, em se tratando de fiscalização difusa, a eficácia da decisão opera-se *inter pares*. Por isso, no caso de fiscalização difusa, revela-se necessária a expedição da Resolução do Senado Federal,

---

[261] STF. Tribunal Pleno. Medida Cautelar na ADIn 1.435/SP, j. em 07.11.1996, relator o Senhor Ministro Francisco Rezek.

[262] STF. Tribunal Pleno. Medida Cautelar na ADIn 1.352/DF, j. em 05.10.1995, relator o Senhor Ministro Sepúlveda Pertence.

[263] STF. Tribunal Pleno. ADIn 728, j. em 27.09.1995, relator o Senhor Ministro Marco Aurélio.

[264] PIMENTA, Paulo Roberto Lyrio. *Efeitos da Decisão de Inconstitucionalidade em Direito Tributário*. São Paulo: Dialética, 2002, p. 37-40.

excluindo a execução da norma. Isso porque a decisão que reconhece incidenter tantum a inconstutucionalidade de uma norma não tem por si só eficácia *erga omnes* e força vinculante, ficando na dependência do Senado suspender a execução da norma no ordenamento. Portanto, uma declaração *incidenter tantum* de inconstitucionalidade emitida pelo Supremo não dá ensejo à aplicação da regra em estudo.

Em relação aos processos de fiscalização abstrata, a concessão de medida liminar de natureza cautelar em via de controle concentrado não justifica a aplicação do dispositivo em tela, pois o provimento apenas afasta a vigência e a eficácia legal da norma impugnada, sem invalidá-la. Assim, apenas a decisão de mérito, definitiva, poderá motivar a oposição de embargos à execução na hipótese em destaque.

No que diz respeito à eficácia temporal da decisão de inconstitucionalidade, esta poderá ser retroativa, ou prospectiva, dependendo da situação.[265]

Na eficácia retroativa, é irrelevante a data da constituição do título, em relação à pronúncia de inconstitucionalidade, a qual se projetará tanto para o passado, quanto para o futuro.

Para a eficácia prospectiva, é imprescindível que o título executivo tenha se constituído após a prolação da decisão de inconstitucionalidade. Caso contrário, esta não poderá justificar a oposição de embargos, à medida que atingirá apenas o futuro.

Em resumo, o que se pode concluir acerca dos atributos da decisão de inconstitucionalidade a que se refere a previsão legal é que: (a) pode ter por objeto lei ou ato normativo; (b) pode ter sido proferida em processo de controle difuso, ou abstrato; (c) em caso de controle difuso, é indispensável a expedição da Resolução do Senado Federal; (d) a decisão pode ter utilizado qualquer técnica de pronúncia da inconstitucionalidade; (e) se a decisão tiver efeitos *ex tunc*, será irrelevante a data da formação do título impugnado; (f) caso o STF tenha atribuído eficácia *ex nunc* à decisão de inconstitucionalidade, o título necessariamente deverá ter sido constituído após a pronúncia de invalidade da norma infraconstitucional.

---

[265] O artigo 27 da Lei 9.868/99 prevê hipótese de atribuição de eficácia prospectiva à norma declarada inconstitucional. Com efeito, ainda que reconhecida a inconstitucionalidade da norma, situação na qual, em tese, não poderia produzir qualquer efeito, a lei faculta que o Supremo Tribunal Federal possa manter a eficácia da norma no tocante a determinado período temporal, caso necessário para resguardar a segurança jurídica ou interesse social de grande relevância.

Necessário enfatizar, entretanto, que não é qualquer decisão de inconstitucionalidade que motiva a oposição à execução de título inconstitucional, com base nos arts. artigos 475-L, § 1º, e 741, parágrafo único, do CPC. É preciso que o título executivo seja fundado em norma declarada inconstitucional.

Isso quer dizer que a sentença deverá ter aplicado norma reconhecida como inconstitucional pela Corte Suprema, constituindo a questão constitucional o fundamento determinante desse provimento jurisdicional.

Importa observar, todavia, como lembra Eduardo Talamini,[266] "que é irrelevante ter sido a questão constitucional enfrentada no processo jurisdicional no qual o título surgiu": não se exige pronunciamento expresso do juiz sobre a questão constitucional, muito menos prequestionamento. Basta apenas que exista incompatibilidade entre a decisão de inconstitucionalidade proferida pelo pretório Excelso e o provimento de primeiro grau, objeto dos embargos à execução.

4.3.3. Direito intertemporal

O mandamento principal a ser observada em matéria de direito intertemporal é o contido no artigo 5º, inciso XXXVI, da Constituição Federal, onde dispõe que "a lei não prejudicará o direito adquirido, o ato jurídico perfeito e a coisa julgada".

Carlos Maximiliano define direito adquirido como

> O direito que se constitui regular e definitivamente e a cujo respeito se completaram os requisitos legais e de fato para se integrar no patrimônio do respectivo titular, quer tenha sido feito valer, quer não, antes de advir norma posterior em contrário.[267]

Para Guilherme Rizzo Amaral,

> Direito adquirido é não só aquele que tenha sido exercido ou "feito valer" sob a égide da lei anterior, como também aquele ainda não exercido, porém incorporado à esfera jurídica de seu titular em função do preenchimento dos requisitos para a sua aquisição ou reconhecimento.[268]

---

[266] TALAMINI, Eduardo. *Embargos (...)*, p. 68.

[267] MAXIMILIANO, Carlos. *Direito Intertemporal ou Teoria da Retroatividade das Leis*. São Paulo: Saraiva, 1946, p. 43.

[268] AMARAL, Guilherme Rizzo. *Estudos de Direito Intertemporal e Processo*. Porto Alegre: Livraria do Advogado, 2007, p. 17.

Em se tratando de direito processual, Galeno Lacerda observa que é possível falar em "direitos adquiridos processuais".[269] A própria lei processual prevê que os atos das partes "produzem imediatamente a constituição, a modificação ou a extinção de direitos processuais".

Tal constatação parte do pressuposto de que o processo é uma entidade complexa, que compreende uma série de atos em direção à prestação da tutela jurisdicional. A partir da prática desses atos processuais pelas partes, pelo juiz ou mesmo por terceiros, novas situações jurídicas surgirão e, com elas, novas posições, rumo à tutela jurisdicional definitiva.

Assim, pode-se afirmar que a primeira regra de direito intertemporal processual é que a lei nova não retroagirá para atingir direito processual adquirido, nos termos da lei revogada.

A definição de ato jurídico perfeito, segundo Guilherme Rizzo Amaral, contida na Lei de Introdução ao Código de Processo Civil, não possui a amplitude necessária em se tratando da proteção conferida pelo direito intertemporal. Segundo seu entendimento, a ideia de "ato processual consumado", sob o império da lei vigente na época em que se efetivou, é muito mais precisa, pois permite afastar a aplicação da lei nova (a) para invalidar ato praticado na vigência da lei antiga e (b) para convalidar ato consumado sem algum dos requisitos exigidos pela lei vigente à época da consumação.[270]

Desse modo, exsurge a segunda regra de direito intertemporal processual, qual seja, a lei processual nova não retroagirá para invalidar ou convalidar ato processual consumado no império da lei revogada.

A terceira regra de direito intertemporal processual, é a aplicação do sistema de isolamento dos atos processuais. Segundo esse sistema:

> A lei nova, encontrando um processo em desenvolvimento, respeita a eficácia dos atos processuais já realizados e disciplina o processo a partir da sua vigência. Por outras palavras, a lei nova respeita os atos processuais realizados, bem como os seus efeitos, e se aplica aos que houverem de realizar-se.[271]

---

[269] LACERDA, Galeno. *O Novo Direito Processual Civil e os Feitos Pendentes*. 2ª ed. Rio de Janeiro: Forense, 2006, p. 3.

[270] AMARAL, Guilherme Rizzo. *Op. cit.*, p. 19.

[271] AMARAL SANTOS, Moacyr. *Primeiras Linhas de Direito Processual Civil*, vol. I. 23ª ed. São Paulo: Saraiva, 2004, p. 32.

Assim, conclui-se que a lei processual nova deve respeitar os atos processuais já realizados, bem como os seus efeitos, aplicando-se aos que houverem de realizar-se, salvo se estes, ainda que não tenham sido praticados, possuam nexo imediato e inafastável com ato praticado sob a égide da lei antiga ou com os efeitos deste, determinando que devam ser praticados, também, na forma da lei antiga.

A quarta regra de direito intertemporal encontra respaldo no pensamento de Enrico Tullio Liebman, no sentido de que:

> A autoridade da coisa julgada não é efeito da sentença, como postula a doutrina unânime, mas, sim, modo de manifestar-se e produzir-se dos efeitos da própria sentença, algo que a esses efeitos se ajunta para qualificá-los e reforçá-los em sentido bem determinado[:] (...) a imutabilidade do comando emergente de uma sentença.[272]

Com efeito, a proteção da coisa julgada está intimamente ligada à ideia de segurança jurídica. É a preservação da estabilidade das situações jurídicas, já definidas pela atividade jurisdicional definitiva. Desse modo, a sentença que decidiu a questão posta com base na lei vigente à época de sua prolação não pode ser afetada pela mudança da mesma lei, ainda que tal mudança, se aplicável, invertesse o resultado do julgamento.

Conclui-se, assim, que a quarta regra de direito intertemporal é a de que a lei processual nova não retroagirá para atingir a coisa julgada material adquirida pela lei anterior.

Vistas as regras de direito processual intertemporal, resta ver a possibilidade de oposição fundada na inconstitucionalidade do título em execução de título judicial revestido de coisa julgada e que adquiriu essa autoridade antes do início da vigência da nova norma.

A questão está em definir se a nova regra que faculta a oposição à execução, aplicada à coisa julgada pretérita, estará apenas reformulando o regime de vigência da coisa julgada, sem afetar o bojo do instituto, ou se, ao contrário, estará indo contra situações aperfeiçoadas, ou seja, contra o próprio cerne da coisa julgada.

Referida previsão legal tem por objeto alcançar os processos cuja sentença exequenda tenha transitado em julgado após a entrada em vigor da previsão, não atingindo os títulos judiciais revestidos de coisa julgada que adquiriram tal autoridade antes do início da vigência da nova norma processual.

A questão é complexa e não há pacífico entendimento na doutrina.

---

[272] LIEBMAN, Enrico Tullio. *Eficácia (...)*, p. 40 e 54.

Paulo Roberto Lyrio Pimenta, Araken de Assis e Eduardo Talamini entendem que a inovação legislativa não atinge a coisa julgada pretérita antes do seu advento.

Na relevante questão do direito intertemporal, José Delgado assim se posicionou sobre o tema:

> O que a Carta Política inadmite é a irretroatividade da lei para influir na solução dada, a caso concreto, por sentença de que já não caiba mais recurso. De outra parte, qualquer alteração no instituto mesmo da coisa julgada, determinando seu enfraquecimento ou dilargando as hipóteses onde se admite o ataque ao julgamento, não incide no que pertine às sentenças já transitadas em julgado, visto que também, neste particular, rege a lei vigorante ao tempo em que o trânsito em julgado se deu. (...) O fator tempo tem sua importância para definir a caracterização da coisa julgada, importância essa que é relativa e que produz o mencionado efeito em face de duas circunstâncias: o esgotamento das vias recursais permitidas pelo ordenamento jurídico ou o conformismo da parte vencida por não se pronunciar no prazo devido contra a condenação que lhe foi imposta.[273]

Leonardo de Faria Beraldo, por sua vez, entende que mesmo na decisão que transitou em julgado antes da entrada em vigor da nova regra, será cabível embargos do devedor, sob o fundamento de que já existiam outros mecanismos de impugnação à coisa julgada inconstitucional, como por exemplo, a ação declaratória de nulidade de sentença, antes da entrada em vigor da inovação legislativa.

A jurisprudência vem se manifestando a favor da aplicação da nova regra, somente aos casos em que o título judicial foi constituído após o seu advento, prevalecendo o entendimento de que as novas hipóteses não podem incidir nas sentenças transitadas em julgado sob a égide da lei anterior.

Nesse sentido, colhe-se recente decisão monocrática da lavra do Ministro Sepúlveda Pertence, na qual, ao negar seguimento a recurso extraordinário, reconhece expressamente a impossibilidade de aplicação do dispositivo introduzido pela Medida Provisória nº 2.180-35/2001 aos títulos executivos judiciais formados anteriormente à sua vigência. Confira-se:

> RE contra acórdão do Tribunal Regional Federal da 4ª Região, assim ementado (fl. 55):
>
> EMBARGOS À EXECUÇÃO DE SENTENÇA. APELAÇÃO. ALEGAÇÃO DE INEXIGIBILIDADE DO TÍTULO JUDICIAL. ART. 741, PARÁGRAFO ÚNICO DO CPC (MP Nº 2.180-35, DE 24.08.2001). I. Sem adentrar na questão da inconstitucionalidade do art. 741, parágrafo único, do CPC, objeto da ADIN nº 2418-DF, este tribunal tem entendido o seguinte: a) a lei processual civil em comento não pode ser aplicada aos

---

[273] DELGADO, José. *Pontos Polêmicos (...)*, p. 9-36.

> títulos executivos judiciais formados anteriormente à sua vigência; b) em relação às situações formadas após a vigência da lei precitada, a aplicação do dispositivo só se dará quando o título exeqüendo se formar posteriormente à decisão do Supremo Tribunal Federal que retiraria a exigibilidade do título, em respeito ao ordenamento jurídico como um todo.
>
> 2. Inaplicável o disposto no art. 741, parágrafo único, do CPC (redação da MP 2.180-35/2001), no caso em apreço, em que o título executivo judicial transitou em julgado anteriormente à vigência do disposto citado, bem como antes da publicação do acórdão do Plenário do STF, contrário à tese por ele adotada.
>
> 3. Apelação desprovida.
>
> Aduz que o acórdão recorrido ao afastar a aplicação do artigo 741, parágrafo único do CPC, – o qual dispõe que o título executivo judicial decorrente de sentença que deu interpretação incompatível com o decidido pelo Supremo tribunal Federal é inexigível – violou-se o art. 5º, XXXVI, da Constituição.
>
> É inviável o RE. A controvérsia, de ordem processual, versa sobre a exigibilidade do título executivo judicial a teor do parágrafo único do art. 741 do CPC introduzido pela MP nº 2.180-35/2001. A pretensa ofensa ao dispositivo constitucional dado por violado, se houvesse, seria indireta ou reflexa, pressupondo o prévio exame de legislação infraconstitucional mencionada, ao que não se presta a via do recurso extraordinário, incide, mutatis mutandis, o princípio da Súmula 636.
>
> Nego seguimento ao recurso extraordinário (art. 557, *caput*, do CPC).[274]

A decisão acima guarda total congruência com o entendimento já pacificado pela Corte Suprema, no sentido de impossibilitar a violação à coisa julgada, sendo oportuno mencionar os seguintes julgados:

> (...) O contrato concluído se constitui em ato jurídico perfeito e goza da garantia de não estar adstrito a lei nova, tanto quanto a coisa julgada e o direito adquirido, eis que a eficácia da lei no tempo vem sendo assim regulada há mais de meio século. A garantia prevista no art. 5, XXXVI, da Constituição submete qualquer lei infraconstitucional, de direito público ou privado. Precedentes do Plenário: Repr. Nº 1.451-DF, RTJ 127/799; ADIn nº 493-DF; RTJ 143/724 etc.[275]
>
> Em face do princípio da segurança jurídica, entendeu-se que o ato administrativo que homologara a transposição deveria ser mantido. Ressaltou-se que, a despeito de a ordem jurídica brasileira não possuir preceitos semelhantes aos da alemã, no sentido da intangibilidade dos atos não mais suscetíveis de impugnação, não se deveria supor que a declaração de nulidade afetasse todos os atos praticados com fundamento em lei inconstitucional. Nesse sentido, haver-se-ia de conceder proteção ao ato singular, em homenagem ao princípio da segurança jurídica, procedendo-se

---

[274] STF. Recurso Extraordinário 477.630/RS, j. em 27.04.2006, relator o Senhor Ministro Sepúlveda Pertence.

[275] STF. Segunda Turma. Recurso Extraordinário 159.979/SP, j. em 18.10.1994, relator o Senhor Ministro Paulo Brossard.

à diferenciação entre o efeito da decisão no plano normativo e no plano das **fórmulas de preclusão**. Concluiu-se, dessa forma, que os atos praticados com base na lei inconstitucional, que não mais se afigurem passíveis de revisão, não são **atingidos pela declaração de inconstitucionalidade**. Ademais, asseverou-se que transcorrera prazo superior a 5 anos entre o ato de concessão da aposentadoria e o início, **para a** recorrente, do procedimento administrativo tendente à sua revisão. Por fim, **aduziu-se** que a revisão in concreto de sua aposentadoria não se traduziria em efeito imediato da declaração de inconstitucionalidade do referido dispositivo.[276]

Assim, não resta dúvida de que se o título judicial era exequível há época do seu trânsito em julgado, quaisquer modificações não podem atingi-lo, seja porque não pode se sobrepor à proteção constitucional conferida à coisa julgada, seja em face das regras de direito intertemporal, que consolidam o regime da coisa julgada no momento do trânsito em julgado da decisão, apresentando-se como ato jurídico inatacável a partir de tal momento.

Entre os processualistas, percebe-se que, por ora, não há como obter uma resposta absoluta sobre a questão. É importante, todavia, que doutrina e jurisprudência assumam a tarefa de delinear da forma mais segura possível, critérios para a aplicação das novas regras processuais aos feitos pendentes, evitando que direitos venham a ser suprimidos no curso deste período de adaptação à nova sistemática legal.

---

[276] STF. Segunda Turma. Agravo Regimental no Recurso Especial 217.141/SP, j. em 13.06.2006, relator o Senhor Ministro Gilmar Mendes.

5. Considerações finais

O instituto da coisa julgada provém dos mais primitivos ordenamentos jurídicos. Está presente desde o início da sistematização legal do nosso país, constituindo princípio fundamental do nosso ordenamento jurídico, elencado dentre as garantias fundamentais do Estado de Direito, como expressão legal dos Direitos Humanos.

Ainda que o conceito não esteja livre de controvérsias, inequívocos são os efeitos da *res iudicata*, que revelam seu caráter político: sua incidência exclui a possibilidade de recursos ou reapreciação de questões decididas no mesmo processo, e põe a relação material objeto da lide em termos definitivos, revestindo-os de autoridade.

É certo que tal autoridade revela-se imprescindível: constitui pressuposto da segurança jurídica, subjacente à paz social, sobre a qual se assenta a própria investidura do monopólio da jurisdição estatal. Contudo, por óbvio, a ordem social contempla outros valores igualmente relevantes, que também reclamam proteção jurídica: *exempli gratia*, tão importante quanto a certeza conferida às decisões judiciais é a justiça, compreendida como a adequada solução para o caso posto à apreciação da tutela jurisdicional.[277]

Justamente a contraposição entre *segurança* e *justiça* conduz ao que seja talvez o mais significativo embate: de um lado, o desejo de aprimorar perpetuamente, tanto quanto necessário, a solução do conflito de interesses, conduzindo ao resultado que contemple a *melhor* aplicação da lei ao caso concreto; do outro, a necessidade de estabilizar a incerteza sobre as relações, confiando estabilidade à jurisdição, pelas superlativas razões antes declinadas.

A oposição à execução de título inconstitucional insere-se dentre as demais modalidades previstas no ordenamento como via de inter-

---

[277] A formulação proposta não pretende, por certo, esgotar o conceito de justiça, que, como cediço, foi alvo de penetrantes formulações ao longo da história da ciência jurídica, e continua na agenda de debates da moderna filosofia do direito. Qualquer que seja a convicção pessoal sobre o ponto, não prejudica a compreensão da ideia oferecida.

ferência no delicado equilíbrio engendrado para a contextualização desse conflito: efetivamente, o respeito à autoridade das decisões judiciais não deve significar a tutela de um provimento contrário às normas mais elementares da organização do Estado. O legislador, ao inserir a previsão legal sobre o tema no ordenamento jurídico, elegeu a inconstitucionalidade (considerada então como grau máximo de ilegalidade, porquanto contrária aos fundamentos mais relevantes da organização estatal, dispostos na Carta Constitucional) como *fiel da balança* a regular a preponderância da justiça *versus* a estabilidade no caso concreto.

A operacionalização desse processo passa pela compreensão do sentido da regra: a partir da vigência da previsão legal em comento, uma vez declarada inconstitucional a norma (ou, correlatamente, sua aplicação ou interpretação considerada incompatível com a Constituição Federal), por decisão trânsita em julgado no âmbito do controle concentrado de constitucionalidade, tal circunstância passa a ser causa de inexigibilidade da decisão judicial lastreada naquela norma ou sua respectiva aplicação ou interpretação, oponível à execução do título. O mesmo efeito decorre da resolução expedida pelo Senado Federal, nos termos do art. 52, X, da Carta Magna, para fins de suspensão da execução de lei declarada inconstitucional pelo Supremo Tribunal Federal, nos casos de controle difuso.

A toda vista, no caso concreto, a incidência da norma vincula-se aos efeitos da declaração da concernente declaração de inconstitucionalidade: caso a declaração de inconstitucionalidade do Supremo Tribunal Federal tenha eficácia *ex tunc*, será viável a oposição ao título, qualquer que seja a data da sua constituição. Em hipótese inversa, naqueles casos em que a Corte Suprema tenha atribuído eficácia *ex nunc* à decisão de inconstitucionalidade, ou nas hipóteses de expedição de resolução pelo Senado Federal, imprescindível que o título tenha se formado após a respectiva declaração de inconstitucionalidade.

De qualquer sorte, imperioso reconhecer que a vigência relativamente recente da norma não permite estabelecer caráter peremptório à sua interpretação e aos limites de sua incidência. Por certo, a solução dos problemas decorrentes da aplicação da norma ficará confiada aos Tribunais pátrios, a quem incumbirá definir seus contornos definitivos.

Referências bibliográficas

ALEXY, Robert. *El Concepto y la Validez del Derecho*. Barcelona: Gedisa, 1994.
——. *Teoria de los Derechos Fundamentales*. Madri: Centro de Estúdios Constitucionales, 1997.
AMARAL, Guilherme Rizzo. *Estudos de Direito Intertemporal e Processo*. Porto Alegre: Livraria do Advogado, 2007.
AMARAL SANTOS, Moacyr. *Primeiras Linhas de Direito Processual Civil*. 23ª ed. São Paulo: Saraiva, 2004.
ARAGÃO, Egas Dirceu Moniz de. *Comentários ao Código de Processo Civil*, vol. II. 10ª ed. rev. e atual. Rio de Janeiro: Forense, 2005.
ARMELIN, Donaldo. Observância à Coisa Julgada e Enriquecimento Ilícito: Postura Ética e Jurídica dos Magistrados e Advogados. In: *Cadernos do CEJ*, n. 23. Conselho de Justiça Federal, Centro de Estudos. Brasília, 2003.
ASSIS, Araken de. *Cumprimento da Sentença*. Rio de Janeiro: Forense, 2006.
——. Eficácia da Coisa Julgada Inconstitucional. In: NASCIMENTO, Carlos Valder do. (Coord.). *Coisa Julgada Inconstitucional*. 4ª ed. Rio de Janeiro: América Jurídica, 2003.
——. *Manual do Processo de Execução*. 7ª ed. São Paulo: RT, 2001.
ÁVILA, Humberto. *Sistema Constitucional Tributário*. São Paulo: Saraiva, 2004.
BARBI, Celso Agrícola. *Do Mandado de Segurança*. 10ª ed. Rio de Janeiro: Forense, 2000.
BARBOSA MOREIRA, José Carlos. *Comentários ao Código de Processo Civil*. vol. V. 11ª ed. Rio de Janeiro: Forense, 2003.
——. Considerações Sobre a Chamada Relativização da Coisa Julgada Material. In: *Revista Dialética de Direito Processual*, nº 22. São Paulo: Dialética, 2005.
——. Eficácia da Sentença e autoridade da coisa julgada. In: *Revista Brasileira de Direito Processual*, nº 32. Rio de Janeiro: Forense, 1982.
——. *O Novo Processo Civil Brasileiro*: Exposição Sistemática do Procedimento. 18ª ed. rev. e atual., Rio de Janeiro: Forense, 1996.
——. *Os Novos Rumos do Processo Civil Brasileiro*. Temas de Direito Processual, 8ª série, São Paulo: Saraiva, 2004.
BARROSO, Luís Roberto. Neoconstitucionalismo e Constitucionalização do Direito: O Triunfo Tardio do Direito Constitucional no Brasil. In: *Revista de Direito Administrativo*, nº 240, abr./jun., 2005.
BASTOS, Celso Ribeiro; MARTINS, Ives Gandra da Silva. *Comentários à Constituição do Brasil*, vol. I, São Paulo: Saraiva, 1988.
BERALDO, Leonardo de Faria. A Relativização da Coisa Julgada que Viola a Constituição. In: NASCIMENTO, Carlos Valder do. (Coord.). *Coisa Julgada inconstitucional*. 4ª ed. Rio de Janeiro: América Jurídica, 2003.
BERTOLO, Rozangela Motuska. A Coisa Julgada nas Ações Coletivas. In: OLIVEIRA, Carlos Alberto Álvaro (Org.). *Eficácia e Coisa Julgada: atualizada de acordo com Código Civil de 2002*. Rio de Janeiro: Forense, 2006.
BESSO, Chiara. *La Sentenza Civile Inesistente*. Turim: G. Giappichelli, 1997.
BETTI, Emílio. *Teoria Generale Del Negozio Giurídico*. 2ª ed. Nápoles: Scientifiche Italiane, 1994.
——. *L'Interpretazione Della Legge e Degli Atti Giuridici*. Milão: Giuffrè, 1971.

BOBBIO, Norberto. *A Era dos Direitos*. Rio de Janeiro: Campus, 2004.

BONACCORSO, Liborio Ciffo. *Il Giudicato Civile*. Napoli: Jovene, 1955.

BRASIL. Constituição Política do Império do Brazil (de 25 de Março de 1824). Disponível em <http://www.planalto.gov.br/ccivil03/Constituição/Constituição 24.htm>. Acesso em 13 dez. 2006.

——. Constituição da República dos Estados Unidos do Brasil (de 16 de julho de 1934). Disponível em <http://www.planalto.gov.br/ccivil03/Constituição/Constituição34.htm>. Acesso em 18 dez. 2006.

——. Constituição da República dos Estados Unidos do Brasil (de 24 de fevereiro de 1891). Disponível em: <http://www.planalto.gov.br/ccivil.03/Constituição/Constituição91.htm>. Acesso em 18 dez. 2006.

——. Constituição dos Estados Unidos do Brasil (de 10 de novembro de 1937). Disponível em http://www.planalto.gov.br/ccivil 03/Constituição/Constituição 37.htm. Acesso em 18 dez. 2006.

——. Constituição dos Estados Unidos do Brasil (de 18 de setembro de 1946). Disponível em <http://www.planalto.gov.br/ccivil 03/Constituição/Constituição46.htm>. Acesso em 19 dez. 2006.

——. Constituição da República Federativa do Brasil de 1967. Disponível em <http://www.planalto.gov.br/ccivil 03/Constituição/Constituição67.htm>. Acesso em 19 dez. 2006.

——. Constituição da República Federativa do Brasil de 1988. Disponível em <http://www.planalto.gov.br/ccivil 03/Constituição/Constituição.htm>. Acesso em 19 dez. 2006.

——. Decreto-Lei 4.657 – Lei de Introdução ao Código Civil. Disponível em <http://www.planalto.gov.br/ccivil 03/Decreto-Lei/Del 4657.htm>. Acesso em 13 jan. 2008.

——. Lei 1.533 – Lei do Mandado de Segurança. Disponível em <http://www.planalto.gov.br/ccivil_03/Leis/L1533.htm>. Acesso em 22 jan. 2008.

——. Lei 4.717 – Lei da Ação Popular. Disponível em <http://www.planalto.gov.br/ccivil_03/Leis/L4717.htm>. Acesso em 12 nov. 2007.

——. Lei 5.869 – Código de processo Civil. Disponível em <http://www.planalto.gov.br/ccivil 03/Leis/L5869.htm>. Acesso em 13 jan. 2007.

——. Lei 7.347 – Lei da Ação Civil Pública. Disponível em <http://www.planalto.gov.br/ccivil_03/Leis/L7347.htm>. Acesso em 12 nov. 2007.

——. Lei 8.078 – Código de Defesa do Consumidor. Disponível em <http://www.planalto.gov.br/ccivil_03/Leis/L8078.htm>. Acesso em 12 jan. 2008.

——. Lei 9.099 – Lei dos Juizados Especiais Estaduais. Disponível em <http://www.planalto.gov.br/ccivil_03/Leis/L9099.htm>. Acesso em 12 nov. 2007.

CALAMANDREI, Piero. *Appunti Sulla Sentenza Come Fatto Giuridico*. In: CAPPELLETTI, M. (org.). *Opere giurídiche*, vol. I. Nápoles: Morano, 1976.

——. *Sopravvivenza Della Querela di Nullità Nel Processo Civile Vigente*: Studi Sul Processo Civile, vol. 6. Pádua: Cedam, 1957.

CALMON DE PASSOS, José Joaquim. *Comentários ao Código de Processo Civil*, vol. III. 6ª ed. Rio de Janeiro: Forense, 1989.

——. *Esboço de uma Teoria das Nulidades Aplicada às Nulidades Processuais*. Rio de Janeiro: Forense, 2002.

——. O Mandado de Segurança Contra Atos Jurisdicionais: Tentativa de Sistematização nos Cinqüenta Anos de sua Existência. In. *Revista de Processo*, nº 33. São Paulo: RT, 1984.

CÂMARA, Alexandre Freitas. *Juizados Especiais Cíveis Estaduais e Federais*: uma Abordagem Crítica. Rio de Janeiro: Lumen Juris, 2004.

——. *Lições de Direito Processual Civil*. vol. I. Rio de Janeiro: Freitas Bastos, 1998.

——. Relativização da Coisa Julgada Material. *Revista Gênesis de Direito do Trabalho*, nº 133. Curitiba: Gênesis, 2004.

CAMINHA, Vivian Josete Pantaleão. Coisa Julgada Civil: Conceito e Fundamentos. In: OLIVEIRA, Carlos Alberto Álvaro de. (Org.). *Elementos para uma nova teoria geral do processo*. Porto Alegre: Livraria do Advogado, 1997.

CANOTILHO, José Joaquim Gomes. A Principialização da Jurisprudência Através da Constituição. In: *Revista de Processo*, nº 98. São Paulo: RT, abr./jun., 2000.

CAPPELLETTI, Mauro. *Tribunales Constitucionales Europeos y Derechos Fundamentales*. Madri: Centro de Estúdios Constitucionales, 1984.

CARNELUTTI, Francesco. Inesistenza Dell'atto Giurídico? In: *Rivista di Diritto Processuale*, nº 10. Pádua: Cedam, 1955.

——. *Lezione di Diritto Processuale Civile*, vol. 4. Edição de 1926 fac-similada. Pádua: Cedam, 1986.

CHIOVENDA, Giuseppe. *Principi di Diritto Processuale*. 3ª ed. (reimpr.), Nápoles: Jovene, 1965.

CINTRA, Antônio Carlos de Araújo; DINAMARCO, Cândido Rangel; GRINOVER, Ada Pellegrini. *Teoria Geral do Processo*. 14ª ed. São Paulo: Malheiros, 1998.

DALLAZEM, Dalton Luiz. Execução de Título Judicial Fundado em Lei ou Ato Normativo Declarados Inconstitucionais pelo STF. In: *Revista Dialética de Direito Processual*, nº 14, 2004.

DELGADO, José Augusto. Efeitos da Coisa Julgada e os Princípios Constitucionais. In: NASCIMENTO, Carlos Valder do (Coord.). *Coisa Julgada Inconstitucional*. 4ª ed. Rio de Janeiro: América Jurídica, 2003.

——. Pontos Polêmicos das Ações de Indenização de Áreas Naturais Protegidas. In: *Revista de Processo*, nº 103. São Paulo: RT, 2001.

DENTI, Vittorio. Inesistenza degli atti processuali civili. In: *Novíssimo digesto italiano*, vol. 8. 3ª ed. Turim: Utet, 1957.

DIDIER JÚNIOR, Fredie; OLIVEIRA, Rafael; BRAGA, Paula Sarno. *Curso de Direito Processual Civil*: Direito Probatório, Decisão Judicial, Cumprimento e Liquidação de Sentença e Coisa Julgada, vol. 2. Salvador: Jus Podivm, 2007.

DINAMARCO, Cândido Rangel. *A Instrumentalidade do Processo*. 8ª ed. São Paulo: Malheiros, 2000.

——. *Instituições de Direito Processual Civil*, vol. III. São Paulo: Malheiros, 2001.

——. *Manual de direito processual*, vol. I. 2ª ed. Rio de Janeiro: Forense, 1985

——. Relativização da coisa julgada material. In: *Revista da Associação dos Magistrados do Estado do Rio Grande do Sul*, nº 84. Porto Alegre: AJURIS, 2001.

——. Relativizar a coisa julgada material. In: *Nova Era do Processo Civil*. 2ª ed. São Paulo: Malheiros, 2007.

DWORKIN, Ronald. *Levando os Direitos a Sério*. São Paulo: Martins Fontes, 2002.

ENGISCH, Karl. *Introdução ao Pensamento Jurídico*. 8ª ed. Lisboa: Calouste Gulbenkian, 1996.

FARIA, José Eduardo. *Eficácia Jurídica e Violência Simbólica*: o Direito Como Instrumento de Transformação Social. São Paulo: EDUSP, 1988.

FERREIRA FILHO, Manoel Gonçalves. *Curso de Direito Constitucional*. 20ª ed. São Paulo: Saraiva, 1990.

FIGUERA JÚNIOR, Joel. *Manual dos Juizados Especiais Cíveis Estaduais e Federais*. São Paulo: RT, 2006.

FLORES, Patrícia Teixeira de Rezende. *Aspectos Processuais da Ação Direta de Inconstitucionalidade de Lei Municipal*. São Paulo: RT, 2002.

FUX, Luiz. *Curso de Direito Processual Civil*. Rio de Janeiro: Forense, 2005.

GASTAL, Alexandre Fernandes. A Coisa Julgada: Sua Natureza e Suas Funções. In: OLIVEIRA, Carlos Alberto Álvaro de (org.). *Eficácia e coisa julgada*. Rio de Janeiro: Forense, 2006.

GIARDONI, Fernando da Fonseca. *Sentenças Inexistentes e Querella Nullitatis*. Cadernos Jurídicos da Escola Paulista de Magistratura, nº 3. São Paulo, 2002.

GIDI, Antônio. *Coisa Julgada e Litispendência em Ações Coletivas*. São Paulo: Saraiva, 1995.

GRECO, Leonardo. Eficácia da Declaração Erga Omnes de Constitucionalidade ou Inconstitucionalidade em Relação à Coisa Julgada Anterior. In: DIDIER JR., Fredie (org.). *Relativização da coisa julgada*: enfoque crítico. Salvador: Jus Podivm, 2004.

GRECCO FILHO, Vicente. *Direito Processual Civil Brasileiro*. 6ª ed. São Paulo: Saraiva, 1993.

GUERRA FILHO, Willis Santiago. *Processo Constitucional e Direitos Fundamentais*. 2ª ed. São Paulo: Celso Bastos, 2001.

HESSE, Konrad. *Elementos de Direito Constitucional da República Federal da Alemanha*. Porto Alegre: SAFE, 1998.

JUSTEN FILHO, Marçal. *O Direito das Agências Reguladoras Independentes*. São Paulo: Dialética, 2003.

KELSEN, Hans. *Teoria Pura do Direito*. São Paulo: Martins Fontes, 1986.

KOMATSU, Roque. *Da Invalidade no Processo Civil*. São Paulo: RT, 1991.

LACERDA, Galeno. *Despacho Saneador*. 3ª ed. Porto Alegre: SAFe, 1990.

——. O Novo Direito Processual Civil e os Feitos Pendentes. 2ª ed. Rio de Janeiro: Forense, 2006.

LIEBMAN, Enrico Tullio. *Eficacia e Autoridade da Sentença*. Rio de Janeiro: Forense, 1945.

——. *Estudos Sobre o Processo Civil Brasileiro*: Limites Objetivos da Coisa Julgada. São Paulo: Saraiva, 1947.

——. *Manual de Direito Processual Civil*, v. I. Rio de Janeiro: Forense, 1984.

LIMA, Paulo Roberto de Oliveira. *Contribuições à Teoria da Coisa Julgada*. São Paulo: RT, 1997.

——. *Teoria da coisa julgada*. São Paulo: RT, 1997.

LUCON, Paulo Henrique dos Santos. *Código de Processo Civil Interpretado*. In: MARCATO, Antônio Carlos (Coord.). São Paulo: Atlas, 2004.

MACEDO, Alexandre dos Santos. *Da Querela Nullitatis: Sua Subsistência no Direito Brasileiro*. 2ª ed. Rio de Janeiro: Lumen Juris, 2000.

MACEDO, Elaine Harzheim. Relativização da Coisa Julgada em Matéria Ambiental (Palestra proferida no Curso Processo Coletivo Ambiental, promovido pelo Instituto "O Direito por um Planeta Verde" – Escola Brasileira de Política e Direito Ambiental, em novembro de 2005, junto à UFRGS). In: *Revista de Direito Ambiental*, nº 42, 2006.

MACHADO, Hugo de Brito. *Mandado de Segurança em Matéria Tributária*. São Paulo: RT, 1994.

MANESCHY, Renato de Lemos. Extinção do Processo: Preclusão. In: *Revista Forense*, nº. 269. Rio de Janeiro: Forense, 1980.

MARINONI, Luiz Guilherme. O Principio da Segurança dos Atos Jurisdicionais: A Questão da Relativização da Coisa Julgada Material. In: *Revista Jurídica*, nº 317. Rio de Janeiro-Porto Alegre: Notadez, 2004.

——. Relativizar a coisa julgada material? In: *Revista dos Tribunais*, nº 830. São Paulo: RT, 2004.

——; ARENHART, Sérgio Cruz. *Manual do Processo de Conhecimento*: A Tutela Jurisdicional Através do Processo de Conhecimento. São Paulo: RT, 2001.

MARQUES, José Frederico. *Instituições de Direito Processual Civil*, vol. II. Campinas: Millennium, 2000.

MARQUES NETO, Floriano Peixoto de Azevedo. *Regulação Estatal e Interesses Públicos*. São Paulo: Malheiros, 2002.

MAXIMILIANO, Carlos. *Direito Intertemporal ou Teoria da Retroatividade das Leis*. São Paulo: Saraiva, 1946.

MENDES, João de Castro. *Limites Objectivos do Caso Julgado em Processo Civil*. Portugal: Ática, 1968.

MESQUITA, José Ignácio Botelho de. *Coisa Julgada*. Rio de Janeiro: Forense, 2004.

MORAES, Alexandre de. *Direitos Humanos Fundamentais*: Teoria Geral – Comentários aos Arts. 1º a 5º da Constituição da República do Brasil: Doutrina e Jurisprudência. 6ª ed. São Paulo: Atlas, 2005.

MORAES, Paulo Valério Dal Pai. *Conteúdo Interno da Sentença*: Eficácia e Coisa Julgada. Porto Alegre: Livraria do Advogado, 1997.

NASCIMENTO, Carlos Valder do. Coisa Julgada Inconstitucional. In: NASCIMENTO, Carlos Valder do. (Coord.). *Coisa Julgada Inconstitucional*. 4ª ed. Rio de Janeiro: América Jurídica, 2003.

NERY JÚNIOR, Nelson. *Teoria Geral dos Recursos*. 6ª ed. São Paulo: 2004.

——; NERY, Rosa Maria de Andrade. *Código de Processo Civil Comentado: e Legislação Extravagante*. 7ª ed. rev. e ampl. São Paulo: RT, 2003.

NEVES, Celso. *Coisa Julgada Civil*. São Paulo: RT, 1971.

OLIVEIRA, Carlos Alberto Álvaro de. A Garantia do Contraditório. In: *Revista da AJURIS*, n° 74. Porto Alegre: AJURIS, 1998, p. 103-120.

——. O Processo Civil na Perspectiva dos Direitos Fundamentais. In: OLIVEIRA, Carlos Alberto Alvaro de (Org.). *Processo e Constituição*. Rio de Janeiro: Forense, 2004.

PIMENTA, Paulo Roberto Lyrio. *Efeitos da Decisão de Inconstitucionalidade em Direito Tributário*. São Paulo: Dialética, 2002.

PONTES DE MIRANDA, Francisco Cavalcanti. *Comentários ao Código de Processo Civil*, vol. VI. 3ª ed. Rio de Janeiro: Forense, 1997.

——. *Tratado da Ação Rescisória*. Atualizado por Vilson Rodrigues Alves. Campinas: Bookseller, 1998.

——. *Tratado da Ação Rescisória da Sentença e de Outras Decisões*. 5ª ed. Rio de Janeiro: Forense, 1976.

——. *Tratado das Ações*, vol. I. 2ª ed. São Paulo: RT, 1972.

PORTO, Sérgio Gilberto. Cidadania Processual e Relativização da Coisa Julgada. In: *Revista Jurídica*, n° 304. Porto Alegre: Notadez, 2003.

——. *Coisa Julgada Civil*. 3ª ed. rev. atual. e ampl. São Paulo: RT, 2006.

RADBRUCH, Gustav. *Filosofia do Direito*. Coimbra: Armênio Armado, 1979.

RAMOS, Paulo Roberto Barbosa. A Filosofia do Controle Concentrado de Constitucionalidade das Leis na Ordem Jurídica Brasileira Pós-88. In: *Revista de Direito Constitucional e Internacional*, n° 37. São Paulo: RT, 2001.

RAWLS, John. *A Theory of Justice*. Oxford: Oxford University Press, 1996.

RÊGO, Bruno Noura de Moraes. *Ação Rescisória e a Retroatividade das Decisões de Controle de Constitucionalidade das Leis no Brasil*. Porto Alegre: SAFE, 2001.

RODRIGUES, Maria Stella Villla Souto Lopes. *ABC do Processo Civil*. 7ª ed. São Paulo: RT, 1997.

SALOMÃO FILHO, Calixto. Regulação e Desenvolvimento. In: SALOMÃO FILHO, Calixto. (Coord.). *Regulação e Desenvolvimento*. São Paulo: Malheiros, 2002.

SARLET, Ingo Wolfgang. *A Eficácia dos Direitos Fundamentais*. 5ª ed. rev., atual. e ampl. Porto Alegre: Livraria do Advogado, 2005.

——. Os Direitos Fundamentais e sua Eficácia na Ordem Constitucional. In: *Revista da AJURIS*, n° 76. Porto Alegre: AJURIS, 1999.

SCHMITT, Rosane Heineck. Decisões que Podem Dar Origem à Coisa Julgada Material. In: OLIVEIRA, Carlos Alberto Álvaro de. (org.). *Eficácia e Coisa Julgada*. Rio de Janeiro: Forense, 2006.

SILVA, Jaqueline Mielke; XAVIER, José Tadeu Neves. *Reforma do Processo Civil*: Leis 11.187, de 19.10.2005; 11.232, de 22.12.2005; 11.276 e 11.277, de 7.2.2006 e 11.280, de 16.2.2006. Porto Alegre: Verbo Jurídico, 2006.

——; XAVIER, José Tadeu Neves; SALDANHA, Jânia Maria Lopes. *A Nova Execução de Títulos Executivos Extrajudiciais*: As Alterações da Lei 11.382/2006. Porto Alegre: Verbo Jurídico, 2007.

SILVA, José Afonso da. *Poder Constituinte e Poder Popular*: Estudos sobre a Constituição. São Paulo: Malheiros, 2000.

SILVA, Juary C. Responsabilidade Civil do Estado por Atos Jurisdicionais. In: *Revista de Direito Público*, n° 20. São Paulo: RT, 1972.

SILVA, Ovídio Araújo Baptista da. *Coisa Julgada Relativa?* Disponível em <http://www.baptistadasilva.com.br/artigos002.htm>. Acesso em 08 jun. 2007.

——. *Curso de Processo Civil: Processo de Conhecimento*. 4ª ed. rev. e atual. São Paulo: RT, 1998.

——. *Jurisdição e Execução na Tradição Romano-Canônica*. 2ª ed. São Paulo: RT, 1997.

——. *Processo e Ideologia*: o Paradigma Racionalista. Rio de Janeiro: Forense, 2006.

——. *Sentença e Coisa Julgada*. Porto Alegre: SAFE, 1995.
STEINMETZ, Wilson Antônio. *Colisão de Direitos Fundamentais e Princípio da Proporcionalidade*. Porto Alegre, Livraria do Advogado, 2001.
TALAMINI, Eduardo. *Coisa Julgada e Sua Revisão*. São Paulo: RT, 2005.
——. Embargos à Execução de Título Eivado de Inconstitucionalidade: CPC, Art. 741, Parágrafo Único). In: *Revista de Processo*, nº 106, São Paulo: RT, 2002.
——. Mandado de Segurança e Direito Público. In: *Fórum Administrativo – Direito Público*, nº. 65. Belo Horizonte: Forum, 1999.
TESHEINER, José Maria Rosa. Relativização da Coisa Julgada. In: *Revista do Ministério Público do Estado do Rio Grande do Sul*, nº 47, 2002.
THEODORO JÚNIOR, Humberto. A Onda Reformista do Direito Positivo e Suas Implicações com o Princípio da Segurança. In: *Revista Magister – Direito Civil e Processual*, nº 2. Brasília: Consulex, 2000.
——. A Reforma do Processo de Execução e o Problema da Coisa Julgada Inconstitucional. In: *Revista Brasileira de Estudos Políticos*, nº 89, Belo Horizonte, 2004.
——. As Nulidades do Código de Processo Civil. In: *Revista de Processo*, nº 30. São Paulo: RT, 1981.
——. *Curso de Direito Processual Civil*, vol. II. 36ª ed. Rio de Janeiro: Forense, 2004.
——; FARIA, Juliana Cordeiro de. A Coisa Julgada Inconstitucional e os Instrumentos Processuais para seu Controle. In: NASCIMENTO, Carlos Valder do (Coord.). *Coisa Julgada Inconstitucional*. 4ª ed. Rio de Janeiro: América Jurídica, 2003.
TREVISAN, Osvaldo. Sentença Inexistente. In: *Revista dos Tribunais*, nº 823. São Paulo: RT, 2004.
TUCCI, José Rogério Cruz e. Garantia da Prestação Jurisdicional sem Dilações Indevidas como Corolário do Devido Processo Legal. In: *Revista de Processo*, nº 17. São Paulo: RT, 1992.
TUOZZI, Pasquale. *L'Autoritá della Cosa Giudicata nel Civile e nel Penale*. Torino: Unione Tipográfico, 1900.
WAMBIER, Teresa Arruda Alvim. *Nulidades da Sentença*. 2ª ed. São Paulo: RT, 1999.
——. *Nulidades da Sentença e do Processo*. 4ª ed. São Paulo: RT, 1997.
——; MEDINA, José Miguel Garcia. *O Dogma da Coisa Julgada: Hipóteses de Relativização*. São Paulo: RT, 2003.
WATANABE, Kazuo. Comentários às Disposições Gerais do CDC. In: *Código Brasileiro de Defesa do Consumidor*: comentado pelos autores do anteprojeto. Rio de Janeiro: Forense Universitária, 2000.
YARSHELL, Flávio. *Tutela jurisdicional*. São Paulo: Atlas, 1999.
YMAZ, Esteban. *La Esencia de la Cosa Juzgada y Otros Ensayos*. Buenos Aires: Arayú, 1954.
ZACCARIA, Giuseppe. *L'Art Dell'Interpretzione Soggi Sul'Ermeneutica Giurídica Contemporanea*. Padova: CEDAM, 1990.
ZAVASCKI, Teori Albino. Embargos à Execução com Eficácia Rescisória: Sentido e Alcance do Art. 741, Parágrafo Único, do CPC. In: *Revista de Processo*, nº 125. São Paulo: RT, 2005.
——. *Eficácia das Sentenças na Jurisdição Constitucional*. São Paulo: RT, 2001.